中等职业教育通用基础教材系列

中职生安全教育读本

主　审　刘天悦　肖泽亮
主　编　王晓全　刘芳英　王新颖　吴　蓓　胡静萍
副主编　李春江　李智超　徐　静　杨英霞　赵　平

中国人民大学出版社
· 北京 ·

前　言

人最宝贵的莫过于生命。安全是学生成长、发展、幸福的前提，更是学校教育教学顺利实施的重要保障。保障青少年的安全，责任重于泰山。

本书贯彻落实党的二十大精神，坚持人民至上、生命至上的理念，以保护学生生命安全为宗旨，以普及安全知识和提高中职生安全防范能力为目标，着力提高中职生的安全意识和安全素养，为培养德智体美劳全面发展的社会主义建设者和接班人奠定坚实基础。

本书主要阐释中职生所面临的校园安全、网络安全、交通安全、饮食安全、消防和日常生活安全及突发性公共安全事件等方面常识性知识和应对方法，力求全面翔实、通俗易懂、易学易会，希望通过这些方面的防护常识的学习，掌握遇到安全问题时的处理方法，提高中职生的自我保护意识，增强自我保护能力。

该书可以作为在校的中职学生安全教育的教材，也可供同龄的学生、青年阅读，还可作为中等职业学校教育工作者的教学参考资料。

目　录

第一章 珍爱生命 安全第一

生命顽强时像一座大山，经风雨而弥坚，但脆弱时则如一棵小草，不经意间就会受到伤害。生命对于每个人只有一次，这可贵的生命理当珍惜，“珍爱生命，安全第一”。中职生正处于人生的黄金时期，更应该以实际行动珍爱生命，热爱生活，苦练技能，提高素养，为职业生涯的发展奠定基础，为服务社会做好准备。

第一节 安全与安全素养

安全素养是人们的安全意识、安全知识和安全技能的总和。树立安全意识，善待生命，增强健康意识、风险意识、防范意识、科学意识和守法意识。熟悉安全知识，要求了解生活安全、公共安全、职业卫生、自然灾害等方面的安全知识，了解危险因素及预防和应对方法。掌握安全技能，要求掌握现代社会中安全生活和生产的基本技能、遇险正确逃生和事故应急方法与技能。作为中职生，要树立安全意识，熟悉安全知识，掌握安全技能。

案例分享

【案例 1】

少年骑车不慎撞死七旬老太

2018 年 3 月 11 日，某市一名未满 16 周岁的小胡在骑电动车时，不慎撞倒一名七旬老太，致使对方经抢救无效身亡。据了解，事发时有同学突然喊他名字，于是小胡边骑车边回头看同学，此时同学又喊道：“前面!”但当小胡再转头时已经避让不及，车头与老太的腰相撞。

【案例 2】

“抢绿灯”遇上闯红灯，学生被撞

2018 年 8 月 6 日 21 时 2 分左右，王某驾驶小型越野车，由南向北行驶至某市龙城西路交叉口斑马线处。此时绿灯已经闪烁，他未采取减速措施，撞上了由西向东未按信号灯通行的 14 岁学生小李，导致小李腿部及脸部鼻梁骨折。

【案例 3】

河沟钓鱼，不幸溺水

2017 年 6 月 10 日上午 9 点多，某市发生一起事故。几名中职生在河边钓鱼时坠入河中，其中两名中职生不幸溺水身亡。当地人表示，由于前些年常有人使用挖掘机在附近河段开采砂石料，导致原本很浅的河底出现大坑，这也是两名中职生没有爬上岸的原因。

案例反思

我国每年大约有 1.6 万名学生非正常死亡，学生因安全事故、食物中毒、溺水等死亡的，平均每天有 40 多人，也就是说每天有一个班的学生在“消失”。安全关系到学生能否健康成长，能否顺利完成学业；安全关系到老师能否在一个宁静、安全的环境中教书育人，为国家培养和造就各种人才；安全更关系到每一个家庭的平安和幸福。

安全讲堂

强化安全意识，必须增强法制观念；提高安全意识，必须掌握安全防范知识；提升安全素养，必须遵守安全规则；提升安全素养，还必须注意安全细节。

一、什么是安全

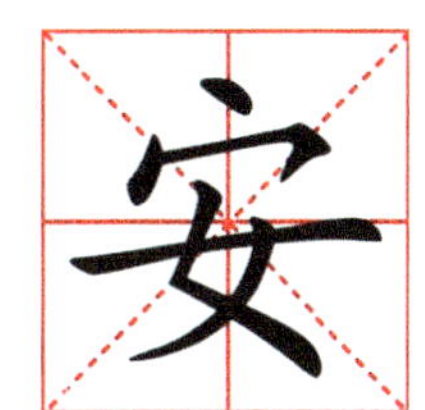

“安”最早见于甲骨文，“宀”和“女”合起来组成“安”，意思是房子里有家眷，表示要在这里扎根居住。本义是平静，即《说文解字》所谓的“静也”，由此引申出静止、舒适、稳妥、没有危险、使……稳定、使……有合适的位置、乐意等含义。

安全是指没有受到威胁、没有危险或危害、没有受到损失。人类与生存环境资源的和谐相处，互相不伤害，不存在危险、危害的隐患，是免除了不可接受的损害风险的状态。

安全是人的基本需求。人的需求从低向高可以分为生理需求、安全需求、社交需求、尊重需求和自我实现需求。生理需求是人的物质需求，是人的行为活动的原动力。然而，只有活着才会有衣食住行等方面的生理需求，才会有对梦想和幸福的追求。生命安全保障的需求是人的基本需求。

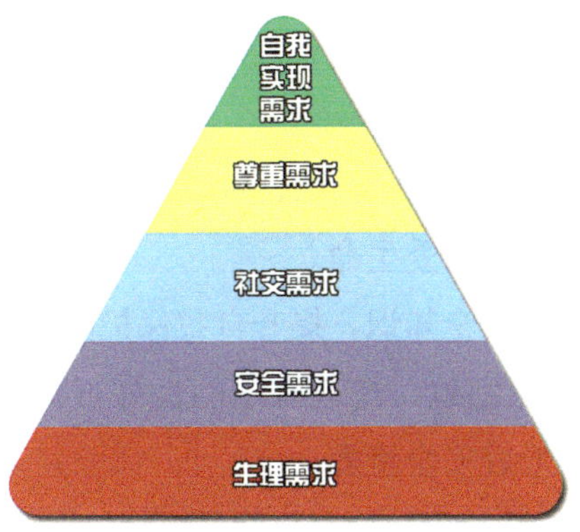

注重安全是一种文明，让每个人在合理有序的环境里生活、工作，是以人为本的文明。注重安全是一种仁爱之心，我们要爱人爱己，爱护每个人的生命。

二、安全素养及其养成

1. 注重安全是职业素养的重要内涵

“珍爱生命，安全第一”的安全素养，是国民素质的重要组成部分，更是从业人员必须具备的职业素养。工作岗位主要在生产一线的技术人员和劳动者，如果安全意识淡薄，不懂安全知识，没有养成注重安全的习惯，就有发生伤亡事故的可能。

职业素养是从业者在职业活动中表现出来的综合品质。安全素养是职业素养的重要内涵。安全素养是指从业者具有强烈的安全意识，掌握所从事职业必须具有的安全知识和安全生产能力，养成符合该职业及其相关职业群要求的安全行为习惯。安全素养是职业技能和职业道德行为习惯的融合，是职业能力与安全行为习惯的融合。

2. 在日常生活中形成良好的安全素养

（1）树立做任何事都要有一定的规矩、规划、规范的意识。牢记：遵守规矩在一定场合就是珍爱生命。

（2）提高安全意识，掌握安全知识，提升自我保护能力。

（3）养成一丝不苟、严谨细致、规范有序的良好习惯，在学习、生活、生产实训中逐步形成安全素养。

（4）尊重他人、尊重劳动、尊重生命，注意安全。

提升训练

1. 明规矩、知敬畏小训练：课间操听到立正口令时你有没有立刻立正呢？动作是否标准规范？反应是否迅速？准备过马路时，红灯亮了，但没有车辆，你是否仍然遵守交通规则、耐心等待呢？

2. 和同学讨论一下，生产生活中我们要树立怎样的安全意识，自觉遵守哪些规范？

3. 和同学谈一谈，你要怎样做才能很好地树立安全素养？

安全小故事

【故事 1】

居安更要思危，安全方能长久幸福

古时候，宋、齐等国联合攻打郑国，弱小的郑国知道自己兵力不足，于是请晋国做中间人，希望宋、齐等国家能够取消攻打的念头。其他国家因为害怕强大的晋国，并不想得罪晋国，于是纷纷决定退兵。为了答谢晋国，郑国国君就派人献给晋国许多贵重的珠宝。收到这份礼物之后，晋悼公十分高兴，就重赏这件事的大功臣魏绛。没想到正直的魏绛拒绝接受赏赐，并且劝晋悼公说："现在晋国虽然很强大，但是我们绝对不能因此而大意，因为人在安全的时候，一定要想到未来可能会发生的危险，这样才会先做准备，以避免失败和灾祸的发生。"晋悼公听完魏绛的话，知道他时时刻刻都牵挂国家与百姓的安危，从此对他更加敬重。

【故事 2】

温水煮青蛙：思想麻痹是最大的隐患

一个寒冷的冬天，一只青蛙跳进了盛有温水的铁锅里，而铁锅下正在生着小火。刚开始时，青蛙悠然自得，认为自己找到了一个好归宿，沾沾自喜，无比的自豪。随着时间的推进，等到发觉不妙时，它的体能已随着水温的升高而耗费殆尽，最后，再也跳不出来了。

道理：第一，青蛙生活的场所本该在水塘或禾田之中，而它却跳进了本不该它去的正加热的铁锅里，是"违章"；第二，面对温度正在升高的温水而悠然自得，对可能导致的灾祸估计不足或根本未察觉，是"麻痹"；第三，身处险境而不自知，是对生命的"不负责任"。最终等待它的结局只有一个——死亡。

第二节　中职生安全素养的培养

安全教育是素质教育的一部分。在当前应试教育的模式下，学生是一个特殊的弱势群体，对社会存在的灾害、事故重视不够，对犯罪行为认识不够，缺乏自我保护意识与防范心理。本节讲述安全教育的重要意义、特殊性以及安全意识的培养。加强中职生的安全教育，提高他们适应社会的能力以及对危机防范意识和处置的能力，有着迫切的重要性。

案例分享

2010 年 10 月 4 日，三位骑自行车出游的中职生不慎连人带车跌落山谷，受困四日三夜后获救。其间，他们曾多次尝试以手机向外求救，无奈一部被摔坏，一部没电，一部信号不良。他们还多次移动位置，希望找到手机接收信号较佳的地方，但都没有成功。

案例反思

其实，只要三位骑行者知道 112 专线，及时拨打电话，会很快得到救助。全国各地通用的 112 专线，在手机打开后即使没有接收信号，甚至电力极为微弱，任何的手机在任何地点皆可拨通。拨出 112 后，马上会进入语音说明如下：这里是行动电话 112 紧急救难专线，如果您要报案，请拨 0，我们将为您转接警察局；如果您需要救助，请拨 9，我们将为您转接消防局。中文讲完后，会以英文重述一遍。此时只要拨 0 或 9，一定会有人接听。112 也是“障碍台”，如果你的电话出现了无声、声音太小听不清楚、有杂音、串线等故障，可以打“112”请求检修。现在该服务已经统一由“10000”受理。“10000”24 小时提供免费服务。

案例中的三位中职生，在遇到危险的时候，缺乏安全常识，不能得到及时救助，这正是他们安全意识淡薄所引起的。所以，我们一定要注意安全意识的培养，在危难来临的时候不至于不知所措。

安全讲堂

一、中职生安全教育的重要意义

（1）可以保护学生的生命财产安全，包括保护学生的健康安全。

（2）可以维护社会安全。因为个人安全是社会安全的组成部分。

（3）保证学校正常的教学和生活秩序。

（4）有利于做好安全监督。对于妨害公共安全的行为能认识，能警觉，可劝阻，可制止，可举报。

二、中职生安全教育的特殊性

中职生安全教育既具有与同年龄段青年学生的共性，与中小学生安全教育有许多共同之处，也具有以就业为导向的职业教育的个性，即必须具有与即将从事的职业安全生产有关的内容。

中等职业学校以就业为导向的培养目标的特殊性，决定了中等职业学校安全教育除了具有与中小学安全教育的共同内容外，还必须具有与培养目标一致的内容，应该突出与即将从事的职业的安全要求相符的特性。实训既是完成职业教育培养目标必须具有的教学环节，也是职业教育今后进一步加强的重点，是职业教育不同于普通教育的教学特色。“当前及今后一个时期可能是社会上各种安全事故的高发期”。这些安全事故，既包括中职生面对的交通、治安、食品等方面的生活安全，也包括中职生在校期间参加实训和毕业后进入岗位必须面对的生产安全。后者是中等职业学校安全教育的特殊性，体现了加强中职生安全教育，是培养技能性人才和高素质劳动者的需要，是以就业为导向的职业教育自我完善的需要，是推进我国工业化、现代化的需要，是落实关于安全生产一系列要求的需要。

三、中职生应该培养哪些安全意识

（1）应对人际交往的自我保护意识。一方面要对人真诚，要自尊、自爱；另一方面要看清交往对象的真实面目，切勿因为一时的好奇心或者义气而伤害自己。

（2）面对突发事件的冷静处理意识。

（3）应对挫折的心理安全意识。

（4）应对灾难的自救互救意识。

（5）法律意识。做知法守法的公民，当自己的合法权益受到侵害时，要懂得用法律的手段保护自己。

四、如何培养中职生的安全意识

（1）广泛积累安全知识。

（2）善于观察，时刻保持高度警惕。

（3）遇事沉着，善于思考，不盲目随从，不贪图小利。

（4）加强法律法规的学习。

提升训练

1. 你了解校园安全的含义吗?
2. 请你以小记者的身份，做一次“中职生安全调查”，并完成调查报告。
3. 通过互联网搜索由于忽视安全的重要性而产生的严重后果的典型案例。

安全小故事

【故事1】

15岁中学生进入大学操场打篮球被砸身亡

2016年1月9日下午，成都某初三学生杨某与另两名同学未经学校许可，私自进入学校职工篮球场打篮球。打球过程中，篮球卡到了篮板与篮框夹缝中，三人没报告老师，就将球场边上的桌子搬到篮球架下去取卡在那里的篮球。取完球后，三人无视安全，站在桌子上扣篮，并模仿 NBA 球员把手吊在篮框上扣篮，并在扣篮过程中将身体吊在篮框上悬空摇晃。杨某在完成第一次扣篮后又进行了第二次扣篮。此时意外发生，篮球架倒塌，杨某被砸中身亡。

【故事 2】

喜鹊与乌鸦：尽职尽责绝不是一句口号

国王凤凰安排乌鸦和喜鹊担任监工，督促臣民建造安全家园。喜鹊对工作认真负责，铁面无私、不讲情面，乌鸦对工作松松垮垮。一段时间后，经喜鹊监工的巢窝完好无损，而乌鸦监工的却七零八落，于是喜鹊被捧为祥鸟，处处受到欢迎，而乌鸦则遭到唾骂，被认为是丧门星，到处被驱赶。

这个故事告诉我们一个简单的道理，安全来不得半点马虎，更不能凭借手中的职权而徇私枉法、贪污腐败。否则，不但危害到大家的生命财产安全，自己也终会受到法律的惩罚。

小贴士

中职生职业素养修炼八道关

印象关：出入职场印象管理　　沟通关：打造职场“人气王”；
心态关：学生向社会人转变　　专业关：“菜鸟”变“大虾”；
道德关：职场安身立命之本　　诚信关：职场长期“居住证”；
安全关：规避危险安枕无忧　　忠诚关：晋升大道“通行证”。

第二章

重视安全教育　创建和谐校园

中职生处于未成年与青年之间，这个时期是人格发展与完善的关键时期，同时，也是人身安全事故的多发时期。他们在学习、生活及所从事的有目的的活动中，难免会因为其本人及周边因素的影响，而表现出不安全的迹象，从而给他们的学习、生活乃至生命和教育工作带来极大的影响。中职学校安全问题比较突出，中职生安全教育与管理给中职教育者乃至全社会带来一个前所未有的难题。

第一节　教学楼安全

学生的安全是社会最为关注的问题，在学校的各个场所都可能出现安全隐患，学校教学楼是师生们最常出入的地方，因此教学楼的安全尤为重要。接下来，我们一起来了解学校教学楼可能存在的安全隐患及预防措施吧！

案例分享

【案例 1】

2002 年 9 月 23 日晚 6 时 50 分，内蒙古自治区某中学教学楼发生楼梯护栏坍塌事故，造成 21 名学生死亡、47 名学生受伤。

【案例 2】

2006 年 11 月 18 日晚，江西省某中学初一年级学生在上完晚自习下楼时，因拥挤踩踏造成人员伤亡（据说是因为一名学生蹲下系松了的鞋带）。有 6 名学生在送往医院抢救途中死亡，39 名学生因受惊吓及受伤被送往医院治疗观察。

【案例 3】

2003 年 12 月 11 日，河北省某中学晚自习放学时，因停电，在楼梯间发生学生拥挤踩踏事故，造成 5 名学生死亡、4 名学生重伤、7 名学生轻伤。

【案例 4】

2014 年 9 月 26 日，某小学发生踩踏事故，造成 6 名学生死亡、26 名学生受伤。当日 12 时 43 分许，一、二年级 10 个班在校午餐的学生依次进入宿舍楼进行午休。13 时 57 分许，数名先行离开宿舍下楼的学生见到一楼通道处两块靠墙摆放的海绵垫，并上前踢打、撞击，致使其中一块海绵垫倒下。14 时许，学校拉响起床铃，午休的学生开始起床，离开宿舍返回教室上课。因过道摆放的海绵垫倒下，导致通道不畅，先期下楼的学生在通过海绵垫时发生跌倒，后续下楼的大量学生因不了解情况继续向前拥挤，造成多名学生相互叠加挤压在海绵垫上，导致 6 名学生受挤压窒息死亡，26 名学生不同程度受伤。

案例反思

近年来，校园踩踏事故频频发生，一次又一次为我们敲响安全警钟。事故发生的根本原因一方面是学校安全管理的疏忽，另一方面则是对学生安全教育存在严重缺失。这样的教训，真的应该被吸取。只有学校严抓安全管理，安全教育落到实处，才能使悲剧不再重演。

安全讲堂

人们遇到突发事件，往往出现惊慌，因而踩踏事故时常发生。发生踩踏事故时，该如何保护自己？如何预防踩踏事故的发生呢？现在，我们来学一学。

一、注意礼让，防止校园踩踏事故的发生

1. 导致校园踩踏事故发生的原因

（1）出口不足、楼梯狭窄、夜间停电、调皮学生的恶作剧等，这些都是造成事故的原因，学校管理的漏洞也只是一个方面，并不是全部，惨剧的根源还在于学生秩序意识的缺失。校园踩踏事故频发，更暴露出学生的安全意识和逃生技能严重缺乏的问题。

（2）人群较为集中时，由于拥挤或前面有人不慎摔倒，后面人未留意，没有止步而导致踩踏。

（3）人群受到惊吓，产生恐慌，如听到尖叫声、爆炸声、其他刺耳的声音和突如其来的变故，出现惊慌失措的失控局面，在无组织、无目的的逃生中，相互拥挤踩踏。

（4）人群因过于激动（兴奋、愤怒等）而出现骚乱，易发生踩踏。

（5）因好奇心驱使，专门找人多拥挤处去探索究竟，造成不必要的人员集中而导致踩踏。

（6）在上下楼梯时，故意拥挤、起哄、恶作剧、打闹、推搡、突然停留和开玩笑等，特别在人多时，有上述情况发生，更容易发生踩踏事故。

2. 校园踩踏事故的预防

（1）课间休息或放学后不要急于抢先下楼，牢记安全第一。

（2）上下楼梯要严格按照学校对各班规定的楼梯行走。

（3）上下楼梯要按规则：靠右、慢行、礼让。做到：遵守秩序、轻声慢步、礼让右行，不能拥挤。

（4）学生下楼梯不能超过两排，上楼梯不能超过一排。

（5）上下楼梯人多时，不系鞋带、不捡掉在地上的物品、不攀肩而行、不高声喧哗、不搞恶作剧（尖叫、乱喊、开玩笑、大闹、三两搭肩而行）、不快跑乱窜。

（6）要避免人员高峰期（上课、下课、放学、集合），可适当提前或延后上下楼。做到“集体上时切勿下、集体下时切勿上”，尤其是手上持有重物、身体有病或有伤时更应注意。

（7）尽量避免到拥挤的人群中，不得已时，尽量走在人流的边缘。

（8）在人群中走动，遇到台阶或楼梯时，尽量抓住扶手，防止摔倒。

（9）发现不文明的行为要敢于劝阻和制止。

3. 学生遭遇拥挤的人群怎么办

（1）发觉拥挤的人群向自己行走的方向来时，应立即避到一旁，不要慌乱，不要奔跑，避免摔倒。

（2）顺着人流走，切不可逆着人流前进，否则，很容易被人流推倒。在人群中，用双手抱胸，两肘朝外，以此来保护心脏和肺部不受到挤压。

（3）若身不由己陷入人群之中，一定要先稳住双脚，切记远离玻璃窗，以免因玻璃破碎而被扎伤。

（4）双手抱住后脑勺，双肘支地，胸部稍离地面，即使手肘被磨破，也不能改变动作。

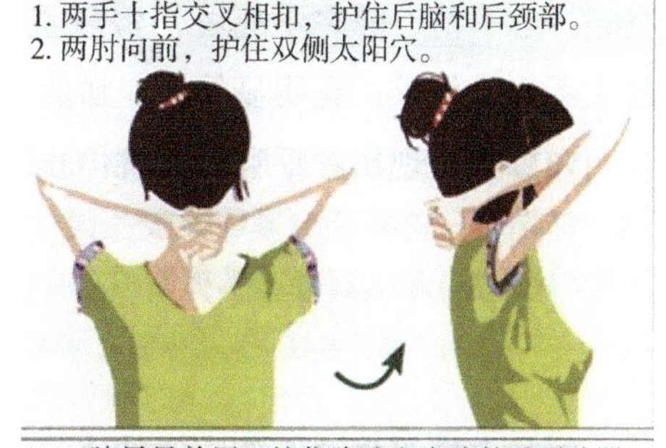

1. 两手十指交叉相扣，护住后脑和后颈部。
2. 两肘向前，护住双侧太阳穴。

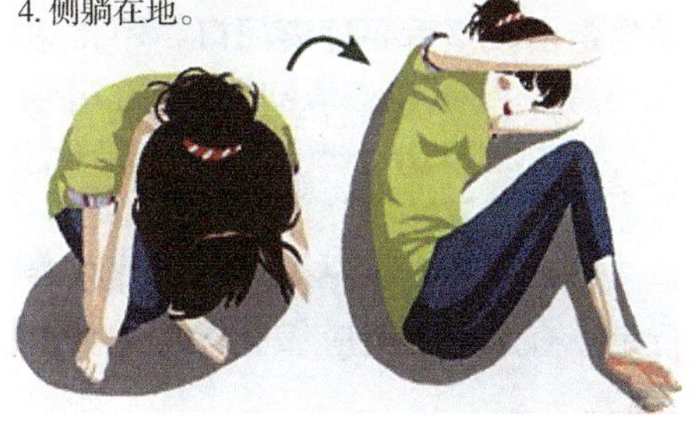

3. 双膝尽量前屈，护住胸腔和腹腔的重要脏器。
4. 侧躺在地。

4. 出现混乱局面后怎么办

（1）在拥挤的人群中，要时刻保持警惕，当发现有人情绪不对，或人群开始骚动时，就要做好准备保护自己和他人。

（2）脚下要敏感些，千万不能被绊倒，避免自己成为拥挤踩踏事故的诱发因素。

（3）当发现自己前面有人突然摔倒了，要马上停下脚步，同时大声呼救，告知后面的人不要向前靠近。

（4）若被推倒，要设法靠近墙壁，面向墙壁，身体蜷成球状，双手在颈后紧扣，以保护身体最脆弱的部位。

5. 踩踏事故已经发生该怎么办

（1）拥挤踩踏事故发生后，一方面赶快报警（拨打 110、999 或 120 等），及时联系外援，寻求帮助，等待救援；另一方面，在医务人员到达现场前，要抓紧时间用科学的方法开展自救和互救。

（2）在救治中，要遵循先救重伤者、老人、儿童及妇女的原则。判断伤势的依据有：神志不清、呼之不应者伤势较重；脉搏急促而乏力者伤势较重；血压下降、瞳孔放大者伤势较重；有明显外伤、血流不止者伤势较重。

（3）当发现伤者呼吸、心跳停止时，要赶快做人工呼吸，辅之以胸外按压。

二、教室内的安全防范

（1）下课出教室要逐排逐列或分批次有序走出，严禁上课一结束学生便蜂拥而出。学生走出教室后要远离门口，不得堵塞门口和走廊通道。

（2）上课铃响后学生进入教室要自觉排队，班级教师和学生干部要维持秩序，严禁学生抢行、推搡、嬉闹、起哄，严禁学生蜂拥而入。

（3）学生出入教室不得奔跑、蹦跃、追逐打闹、相互拉手、勾肩搭背，严禁倒退行走，有进有出时应靠右行走并按上课先进后出、下课先出后进的原则相互让行。

（4）严禁学生在教室门口玩耍或做较长时间逗留，严禁将课桌椅、劳动工具和其他物品摆放在教室门口和教室内的人行通道上，以免阻碍通行。

（5）平时上课期间要保证教室前后门开门畅通，学生进出教室高峰阶段要规定好哪些学生该从哪个门出入，要通过检查、监督、矫正来培养学生养成按指定门出入的习惯。

（6）课前、课间学生不得在教室门口、附近走廊和教室内人行通道等处聚集、玩耍、打闹、相互追逐，以防止阻碍交通或发生碰撞、摔伤等安全事故。

（7）班主任和科任教师要明确分工，坚守职责，加强对学生出入教室的安全教育和监督管理，坚持做到节节下课前必讲，确保做到每节课课前课后教师站教室门口疏散通行。

（8）学校安全管理人员和值日师生要坚持做好学生出入教室安全的检查和通报工作。

案例分享

【案例 1】

追逐打闹引事端

职校一年级学生刘某、王某和宋某三人是同班同学，某日下午课外活动前，班主任临下课时告诉学生们，下课后要遵守学校纪律，不要追逐打闹等。下课后老师回办公室，刘某和王某在教室内开始打闹，在刘某追王某的过程中，从宋某身边通过时，宋某伸腿一绊，将刘某绊倒，导致刘某两颗门牙摔断，左手胫骨骨折。三方经过协商，王某、宋某赔偿刘某医药费、营养费、护理费、误工费等人民币共计5 800元。

【案例 2】

带蛇进教室，把同学吓成精神病

李某（女，15 岁）与张某（男，17 岁）均为某中学初二年级学生。某日晚自习前，张某将一条蛇带到学校玩耍。张某出于恶作剧，将蛇放在李某的手臂上，李某当场就吓得尖叫着往教室外跑，被课桌绊倒。同学将其扶起，李某大哭着跑出了教室。老师点名时发现李某不在，便向同学询问，得知李某被蛇吓后跑出教室一直未归，即刻通知其父母一起寻找，次日凌晨才找到无目标游走的李某。后经某医科大学司法精神病学鉴定，李某患了心因性精神障碍，其发病与被惊吓直接相关。为此，李某父母起诉到法院，要求张某承担赔偿责任。

【案例 3】

随意耍闹致颈椎 9 级伤残

2003 年 12 月 29 日上午课间休息时，13 岁的小江（化名）和同班同学 14 岁的小明（化名）在教室外走廊上玩耍打闹。小江正蹲下系鞋带，小明突然骑到小江的脖子上。第二天晚上，小江喊脖子痛，家长带他去看医生。2004 年 9 月，经重庆法医学会鉴定，小江被骑导致颈椎 2、3、4 错位，颈部功能部分丧失在 25%以上，属于 9 级伤残。小江认为，小明的行为造成了他身体的巨大伤害和精神影响，要求小明及

其父母赔偿 6.4 万余元，包括精神损失费 1.5 万元。而学校疏于管理，应承担补充赔偿责任。而小明认为，没有证据证明他伤害了小江。同时，学校辩称，两名学生打闹的行为是在课间休息时间，发生的地点在过道即公共区域，与学校没有直接利害关系，而且学校的管理制度规定学生课间不能打闹。法院认为，有证人证言能够佐证小明致伤小江的事实。小明虽是限制行为能力人，但能够辨别其行为的危险性，应承担全部责任，因其事发时不满 18 岁，由其父母承担。鉴于小江因伤致颈部功能部分丧失，心理受到创伤，判小明父母赔偿精神损失费 1 万元。法院判小明父母共赔偿 5.6 万余元。由于小江的受伤是在下课后的休息期间，学校对于小明突然骑上小江颈子这一突发事件，显然无法预料和制止，不应承担赔偿责任。

案例反思

上面三个案例都是在课间活动时发生的，同学因玩耍而引起的事故，导致误伤对方。分析其引起事故的原因，有以下几个因素：（1）学生玩耍时不注意方式和方法，而且玩得粗陋。（2）学生缺乏安全意识。（3）学生估计不到事情的严重后果。（4）班级内的其他同学安全意识不强，导致他们没有及时制止。

提升训练

1. 讨论：我们应该如何进行课间活动？
2. 防踩踏自我保护动作演练。

安全小故事

【故事 1】

“冒失鬼”的一天

小明是一名中职一年级的学生，他有些调皮捣蛋，冒冒失失，因为他莽撞的性格，在他身上总是发生一些不安全的小事故，想知道究竟是怎么回事吗？快随我去看看他这“倒霉”的一天吧！

晨扫的“意外”

早晨，一缕阳光照耀了苏醒的大地，小明睡眼惺忪地跑进学校。他一边跑，一边还嘀咕：“妈妈真是不靠谱，也不早点叫我起床，害我迟到，真是的……”原来，小明昨晚玩到很晚，忘记定闹钟，所以今天迟到了。小明是今天的值日生，他负责拖地，这不，刚进教室，他就撂下书包，拎起拖把便冲出了教室。小明本身就冒冒失失的，又很匆忙，拖地的水便洒了一地，小明也不好好打扫，拿着拖把胡乱舞几下，就算完成了，可地上却是一摊一摊的污水。这时，迎面跑来一个背着书包的男生，跑得飞快，丝毫没有注意脚下，果不其然，男生踩到一摊水，“咚”的一声摔在地上，他疼得眼泛泪花，嘴里“哎哟，哎哟”地叫着，而小明却在旁边笑弯了腰，根本没意识到这是一个安全隐患，险些酿成大错。

课间的“小插曲”

好不容易等到了下课，这节课，小明简直是如坐针毡，迫不及待地想要到外面去疯玩。下课铃一响，小明便一个箭步冲了出去，与其他男生在走廊、楼梯里推搡，追逐打闹，好几次都差点摔倒或撞到其他同学。一些同学用警告的眼神看他，他也不以为然。回到教室，他坐在座位上，想着能用什么方法引起大家的注意，这时，前面走来一位女生，准备回到座位上，小明眼珠一转，悄悄地把脚伸了出来，那位女同学没有注意，“啪”地摔倒了，全班同学哄堂大笑，女同学委屈地哭了，小明却和其他男同学一起嘲笑她。

体育课上“自食其果”

下午第一节课是体育课，体育老师要求长跑，同学们便都做起了热身运动。小明却不以为意，并不和其他同学一起热身，心想：不热身我也能跑第一。开始跑步了，小明跑得很猛，没跑多长时间就觉得大腿一阵刺痛，是抽筋了。他还不专心，不小心踩到了跑道旁边的水槽，扭伤了脚，还好是轻伤，他只好一瘸一拐地到一旁休息。下课后，他被两个同学扶着回到了教室。

回到教室，班主任找到他，对他进行了严厉的批评和教育。原来，他今天的所作所为都传到了老师的耳朵里。经过老师的一番教育，小明才醒悟，自己今天所做的事情都存在极大的安全隐患，很容易引发安全事故。小明认识到了错误，主动向老师、同学道了歉。

同学们，在学校里，是不是有小明这样的人呢？有没有发生过类似的事？答案是肯定的。我们要从这个故事里吸取教训，排除安全隐患，避免发生不安全事故。

【故事 2】

蚁穴溃堤：安全贵在点点滴滴

一个村庄为了防止水患，筑起了长堤。一天，有个老农发现蚂蚁窝一下子猛增了许多。老农担心蚂蚁窝会影响长堤的安全，想回村报告，路上遇见了他的儿子，他儿子不以为然。当天晚上风雨交加，河水暴涨。河水从蚂蚁窝始而渗透，继而喷射，最终长堤决口，淹没了沿岸的大片村庄。

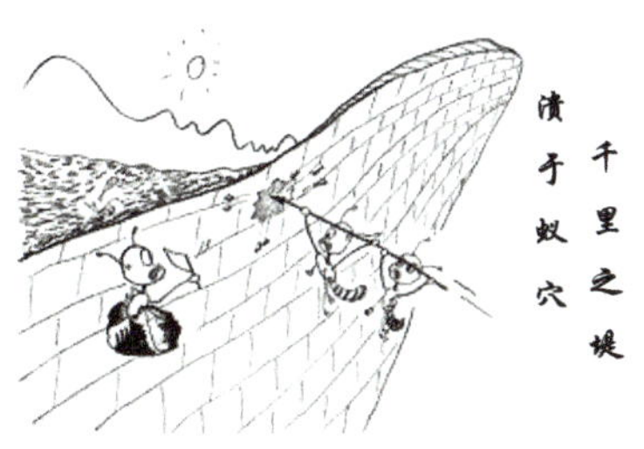

小事不慎，将酿大祸。安全同样如此，有时候忘戴一次安全帽，少拧一个小螺丝，轻轻推搡，小小的铅笔头都可能酿成大的事故。所以，凡事要从大处着眼，小处入手，不能放过任何一个细节。当发现不安全的隐患后，必须迅速进行整改，避免问题积累，浅水沟里翻船。安全意识要时时有，安全防范要时时防。

小贴士

生命，一个多么鲜活的词语；安全，一个多么古老的话题；幸福，一个多么美妙的境界！生命只有在安全中才能永葆活力，幸福只有在安全中才能永具魅力！

第二节 校园体育活动的安全防范

体育是一项重要的素质教育内容，在学校得到了广泛的开展。它不但有益于增强同学们的体质，锻炼同学们的意志毅力，而且可以起到调节身心、提高学习效率的积极作用。本节介绍学生参加体育活动时需要注意的安全事项，提高自我安全保护意识。

案例分享

体育课不慎摔倒，造成脾脏外伤性破裂

某校高二学生上体育课时，体育教师带领学生做完准备活动之后，组织学生练习跳绳，教师在一旁看护。学生徐某在跳绳时不慎被绳绊倒，腹部着地，造成脾脏外伤性破裂。

案例反思

本案例中徐某的遭遇令人同情，追究原因可以是多方面的。但关键的，无论是体育课教师还是学生，都要将安全时时挂在心间，才能更好地防患于未然。

安全讲堂

多种多样的体育活动丰富了我们的校内生活，但是，参加体育活动必须有一定的体能和技巧要求，其中不少项目还具有较强的竞争性和对抗性，因此一定程度上具有潜在的不安全性。所以，我们要树立很强的体育活动的安全意识。

一、课间活动的安全

在每天紧张的学习过程中，课间活动能够起到放松、调节和适当休息的作用。课间活动应当注意以下几方面：

（1）活动的强度要适当，不要做剧烈的活动。

(2) 活动的方式要简便易行，如做做操等。

(3) 活动要注意安全，避免发生扭伤、碰伤等危险。

二、上体育课应注意的安全事项

体育课上的训练内容是多种多样的，因此要注意的安全事项也因训练的内容、使用的器械不同而有所区别。

(1) 短跑等项目要按照规定的跑道进行，不能串跑道。这不仅仅是竞赛的要求，也是安全的保障。

(2) 跳远时，必须严格按老师的指导助跑、起跳。起跳前脚要踏中木制的起跳板，起跳后要落入沙坑之中。

(3) 在进行投掷训练时，如投手榴弹、铅球、铁饼、标枪等，一定要按老师的口令进行，令行禁止，不能有丝毫的马虎。

(4) 在进行单、双杠和跳高训练时，器械下面必须准备好厚度符合要求的垫子，如果直接跳到坚硬的地面上，会伤及腿部关节或后脑。

(5) 参加篮球、足球、乒乓球等项目的训练时，要学会保护自己，也不要在争抢中蛮干而伤及他人。在这些争抢激烈的运动中，自觉遵守竞赛规则对于安全是很重要的。

三、冬季锻炼的安全注意事项

在寒冷的冬季，参加体育锻炼要注意六防：

(1) 防受冷受冻。

(2) 防超负荷运动。

(3) 防运动中的损伤。

(4) 防患感冒。

(5) 防环境污染。

(6) 防不持之以恒。

四、运动会的安全

运动会的竞赛项目多，持续时间长，运动强度大，参加人数多，安全问题十分重要。

(1) 要遵守赛场纪律，服从调度指挥，这是确保安全的基本要求。

(2) 没有比赛项目的同学不要在赛场中穿行、玩耍，要在指定的地点观看比赛，以免被投掷的铅球、标枪等击中。

(3) 参加比赛前做好准备活动，以使身体适应比赛。

(4) 在临赛前等待的时间里，要注意身体保暖，春秋季节应当在轻便的服装外再穿上防寒外衣。

(5) 临赛前不可吃得过饱或者过多饮水。临赛前半小时内，可以吃些巧克力，以增加热量。

(6) 比赛结束后，不要立即停下来休息，要坚持做好放松活动，例如慢跑等，使心脏逐渐恢复平静。

(7) 剧烈运动以后，不要马上大量饮水、吃冷饮，也不要立即洗冷水浴。

提升训练

1. 说一说：体育课应该注意哪些安全事项？你是这样做的吗？

2. 谈一谈：冬季锻炼我们应该注意哪些事项？

安全小故事

蚊子和狮子：安全工作，要始终谨慎从事

有只蚊子飞到狮子面前，在狮子眼前嗡嗡地吹嘘，接着盘旋在狮子脸部周围，找着鼻孔附近没有长毛的地方一口叮下去，狮子只能用爪子不断抓自己的脸，对蚊子毫无招架之力。蚊子看狮子投降，满脸得意、高唱胜利歌声飞走。可一不小心掉进蜘蛛的网里，成了蜘蛛美好的一餐。

这则寓言用来讽喻骄傲自大的人，告诉人们即使取得大的胜利也不能骄傲，要始终谨慎从事，否则可能会在小处受到挫败。正如我们的安全工作，没有终点，时时都可能出现新的情况，处处藏有安全隐患，稍不留意就会酿成大祸。只有谨小慎微，时刻保持清醒的安全意识才能保证安全。

小贴士

多一份小心，多一份关心，就会少一份灾难，少一份失望。珍惜生命，关注安全，从我做起！

第三节　宿舍安全

宿舍是学生学习、生活的重要场所，人员相对密集，比较容易发生火灾、盗窃等安全事件，其主要原因在于学生安全意识薄弱。在此，提醒同学们，务必树立“安全第一，预防为主”的思想，加强个人财产安全与人身安全意识，落实安全防范措施，创设安全、舒适的宿舍环境。

案例分享

【案例 1】

点蜡烛看书，酿成宿舍火灾

2006 年 6 月 6 日，某市第三高中发生火灾。由于起火房屋为土木结构旧房，过火较快，扑救工作难度较大，至次日 3 时大火才被扑灭，从火场中救出 100 多名学生。大火导致住在该校同一宿舍内的 6 名男生死亡，烧毁面积约 500 平方米的学生宿舍 10 间。起火原因是住在下铺的一名同学夜间点蜡烛看书，睡着后床铺被点燃。

【案例 2】

就寝不关门，导致宿舍被盗

2018 年夏天一个闷热的深夜，某高校男生宿舍 5 号楼 306 房的门敞开着。大约在凌晨 3 点半，一个黑影迅速窜进了 306 房，先是在书桌上乱摸，似乎摸到了什么东西，就往口袋里揣。这时，睡在下铺的小李正在听音乐，他看到一个黑影正在宿舍里移动，小李屏住呼吸，仔细地看，这个黑影正把宿舍小张的桌上的东西往身上揣。小李一惊，心想：是小偷！……这小偷敢到宿舍里来偷东西，一定带了刀呀什么的，现在去抓他，弄不好很危险的。不能叫！于是，小李假装睡觉，一动也不敢动，大约过了五分钟，那个黑影溜走了。第二天，同学发现物品被盗，立即报告学校保卫部门。后来经清点，发现小张的手机、笔记本电脑、一个钱包被盗，钱包里有现金、学生证、身份证等物品；小杨放在抽屉里的钱包被盗，内有现金、饭卡、银行卡等物品，被盗物品总价值8 000多元。

案例反思

案例 1 中，学生安全意识淡薄，夜间用蜡烛看书，非常容易造成火灾。宿舍是学生休息的地方，学生容易放松警惕，殊不知，这往往是造成事故的最大隐患。案例 2 中，学生就寝不关好门窗，给盗贼以可乘之机；将贵重物品随意乱放，生活习惯差，安全意识淡薄；发现盗贼后由于害怕而不敢反抗也是盗贼得逞的一个重要原因。由此可以看出，安全警钟要长鸣，宿舍安全更重要。

安全讲堂

越来越多的学生踏入中等职业学校的大门，开始远离家庭，进行集体生活。许多从未离开过家庭的年轻人，对集体住宿的环境十分生疏。宿舍防盗和宿舍防火已经成为中等职业学校安全工作的重点。

一、提高警惕，谨防宿舍被盗

1. 学生宿舍盗窃案件多发的原因

（1）宿舍人员居住密度高，流动性大，管理不善是发案的一个重要原因。

（2）学生思想麻痹、警惕性不高，让不法分子有机可乘，人离门不关，橱柜不上锁，钱物存放不当，也给违法犯罪分子提供了轻易得手的机会。

（3）交叉感染，恶性循环。从许多盗窃案件来看，有些盗窃行为具有明显的内部成员所为的特征。学生明知道是谁偷了自己的钱物，也不愿向学校报告和提供线索。由于没有及时对这种情况进行制止，在一定范围内形成了恶性循环。

（4）防盗设施及管理方面的不足。

2. 学生宿舍发生盗窃案件的规律

从长远的角度来看，学生宿舍发生的盗窃案件还是有一定的规律的。一般来讲，盗窃案件常在这些时段发生：

（1）学校刚开学的时候。

（2）白天上课，晚上自习期间。

（3）放假前和宿舍无人期间。

（4）晚上睡觉时，学生往往放松警惕，不关门、不锁门，使窃贼有机可乘。

3. 怎样做好学生宿舍防盗工作

（1）最后离开宿舍的同学关好门和窗，养成良好的习惯。

（2）宿舍内不要留宿外来人员。

（3）橱柜上锁。

（4）住在一楼的同学，外出或晚上睡觉时，衣物及贵重物品应该远离门口和窗户。

（5）晚上睡觉前锁好门。

4. 发现宿舍被盗应怎样处理

（1）及时向班主任老师反映实际情况。

（2）保护好现场。

（3）在配合保卫部门完成勘察工作后，及时到相关部门对自己的银行卡和身份证等证件进行挂失。

二、警钟长鸣，谨防宿舍火灾

树立强烈的防火意识，充分认识到火灾的危害，自觉遵守学校的防火安全管理制度和规定。具体要做到以下几点：

（1）不在宿舍内使用电炉、热得快等大功率电器、电热设备和煤气炉、酒精炉、液化气炉等。学生宿舍内可燃物品多，稍有不慎或疏忽便能引起火灾。

（2）不乱接电源。乱接电源易使电流过载，如使用不合格电器或电线老化，极易引起火灾。

（3）不在室内点蜡烛看书。人疲乏入睡或离开宿舍后，燃烧到底或倒了的蜡烛极易引燃蚊帐、被褥、书本、桌椅等而引发火灾。

（4）不在室内燃烧垃圾杂物。被燃物飘飞到床上，或者被燃物未彻底熄灭，人离开室内，极易引发火灾。

（5）不要将台灯靠近枕头、被褥和蚊帐。灯头长时间开着发热，易引燃枕头、被褥和蚊帐而引发火灾。

（6）人走熄灯，关闭电扇、电脑等在用电器。切断电源，能彻底保证不发生用电火灾。

提升训练

1. 以宿舍为单位进行消防演练，谈谈自己的感受。
2. 讨论如何才能防盗。

安全小故事

警钟长鸣，方能平安幸福

2018 年 5 月 15 日中午，某音乐学院一处高层建筑楼层突发火灾。火势凶猛，部分窗户已烧黑并伴有大量黑烟冒出，火灾现场有碎裂的玻璃从着火楼层掉落。消防人员以及救护人员及时到达火灾现场，所幸并无人员伤亡。

2009 年 3 月 11 日上午 8 时 20 分左右，湖北某大学教工住宅楼一名外教居室内发生火灾。经消防人员及时扑救，大火迅速被扑灭。火灾中有一名三十余岁德国籍女教师从楼上跳下，经送医院抢救无效死亡。该教师于 2008 年 8 月来该大学从事英语教学工作。

2008 年 11 月 14 日早晨 6 时 10 分左右，某商学院一学生宿舍楼发生火灾，火势迅速蔓延导致烟火过大，4 名女生在消防队员赶到之前从 6 楼宿舍阳台跳楼逃生，不幸全部遇难。火灾事故初步判断是寝室里使用“热得快”引发电器故障并将周围可燃物引燃所致。

2008 年 5 月 5 日，某大学 28 号楼女生宿舍发生火灾，着火后楼内到处弥漫着浓烟，楼层能见度更是不足 10 米。着火的宿舍楼可容纳学生 3 000 余人。火灾发生时大部分学生都在楼内，所幸消防员及时赶到将学生紧急疏散，才没有造成人员伤亡。

2007 年 1 月 11 日，某大学研究生宿舍 2 舍一楼发生火灾，浓烟将十一层高的整个宿舍笼罩，楼上百余个寝室的 500 余名学生被困。在浓烟的威胁下，大部分学生采取用湿毛巾捂住口鼻、弯腰逃生等方式自救，但仍有个别学生因受不了浓烟的熏呛做出将要跳楼的举动。危急时刻，在消防队员制止下，这几名学生最终被送至安全地带，消防人员救人与灭火同步进行。大火被扑灭，500 余名学生被成功疏散到安全地带。起火是由该宿舍楼一楼的干洗店干洗机旁边的一堆衣物引起，火势很快蔓延，并迅速产生很大的浓烟。

2005 年 11 月 2 日 15 时许，某大学第 6 号学生宿舍楼三楼突然发生爆炸起火，火灾原因疑为汽油爆炸，当时有一男一女两名研究生在宿舍内，皆在大火中丧生。

2003 年 23 日 5 时 40 分左右，某大学 4 号女生宿舍 219 室突发大火。火灾的原因为 219 室学生用“热得快”烧水，因晚上突然停电，她便从水壶中拔下“热得快”放到床上，但忘了切断电源，早晨醒来后发现床上的“热得快”已经将床铺引燃，惊慌之下，四处敲门喊醒其他寝室的学生。由于这名女生逃生时打开了寝室的门，结果通风后火势更加猛烈。一些女生拿起了楼道内存放的灭火器，但直到十几只灭火器用完，也没能扑灭大火。她们又开始用脸盆接水灭火，但也没能减小火势。消防官兵赶到现场后发现宿舍楼共有 3 个通道，其中一个被胶合板钉死，他们打开通道，将学生转移，扑灭大火。

小贴士

小心“火烛”，避免火灾，避免悲剧，留住幸福，留住美丽！

第四节　谨防校园诈骗和女生自我保护

诈骗，是指以非法占有为目的、用虚构事实或隐瞒真相方法骗取款额较大的公私财物的行为。中职生思想单纯、富有同情心，防范意识薄弱，诈骗分子往往抓住这一特点开展行动。另外，由于诈骗一般不使用暴力，而是在一派平静甚至愉快的气氛下进行的，受害者往往会上当。提防诈骗和惩治诈骗分子，除需要依靠社会的力量和法治以外，更主要的还是学生自身的谨慎防范和努力，认清诈骗分子的惯用伎俩，以防上当受骗。

案例分享

擦亮双眼，谨防诈骗

【案例 1】

2016 年 2 月 26 日，某高校学生张某报警称：其上网与一个 QQ 号为 2880327440

的人联系，对方称可以提供刷单挣取佣金的兼职，张某分 6 次通过支付宝，进行刷单，共向对方支付宝账户（mul***@163.com）汇入 12 500 元。

【案例 2】

2016 年 3 月 19 日，某高校学生吴某报警称：昨天（18 日）下午 3 时许在宿舍用手机上网，看到一条兼职刷单的广告，与对方 QQ 联系，对方称每单返 8%的佣金，就打开对方发来的网址，在这个网址用支付宝刷了 320 单，共刷了 15 000 元，对方没有返回本金和佣金，发现被骗。

【案例 3】

2016 年 4 月 10 日，某中职学生梁某报警称：其当天下午 3 时从网上找了一个刷单兼职工作，遂前后共 3 次向名为“深圳市崛起教育有限公司”通过支付宝汇款 2 万余元。

【案例 4】

2018 年 1 月 12 日，某中职学生胡某报警称：10 日晚上在学校用手机上网，一个 QQ（2851109474）联系其讲有一个网络刷单的工作（充值手机卡），胡某用支付宝刷了 9 次，收款地址：天翼电子商务有限公司上海分公司，共被骗 13 500 元。

案例反思

近几年，电信网络诈骗犯罪发展迅猛，据统计，当前活跃在社会上的电信诈骗形式有几十种，有冒充公检法诈骗、QQ 诈骗、冒充熟人诈骗、冒充黑社会诈骗、机票诈骗等。诈骗手段不断翻新，侵害的对象逐渐向特殊群体发展，在校的大中专院校学生安全意识淡薄，成为犯罪分子侵害的主要群体之一。

安全讲堂

社会环境千变万化，中职生必须尽快适应环境，学会自我保护。要积极参加学校组织的法制和安全防范教育活动，多知道、多了解、多掌握一些防范诈骗知识对于自己有百利而无一害。

一、谨防校园诈骗

1. 为什么有些中职生在交往中容易上当受骗

中职生上当受骗的事时有发生，究其原因，主要有以下几个方面：

(1) 不加选择地结交朋友；

(2) 缺乏社会生活经验和判别能力；

(3) 疏于防范，这是中职生上当受骗的主要原因；

(4) 求人办事，成事心切，从而导致上当受骗。

2. 针对中职生有哪些常见骗术

(1) 通过上网聊天交友，取得信任后，编造谎言进行诈骗；

(2) 假称自己发生意外，利用同学的同情心理寻机诈骗；

(3) 以恋爱为名进行诈骗；

(4) 编造学生在学校受到意外伤害，对学生家长及亲属实施诈骗；

(5) 冒充学校工作人员诈骗学生；

(6) 利用手机发中奖短信息进行诈骗。

3. 如何预防诈骗

牢记“害人之心不可有，防人之心不可无”。不要轻易将个人证件借给他人以防被冒用。不要将个人信息资料随意给他人，以防被别人利用。不要轻信陌生人，不要轻信张贴的广告、电话中的信息，勤工助学、求职应聘等必须经过正规渠道，防止上当受骗。

4. 受骗之后应采取的措施

发现受骗之后，要及时向学校保卫部门和公安机关报案。

二、女生的自我防护

1. 容易受到性侵害的时间和场所

夏季和夜间，公共场所和僻静场所，女生容易遭受性侵害、性骚扰。因此，女生要做到不着暴露衣服，注意自尊、自爱，防止性侵害的发生，走好自己的青春年华。

2. 女生性侵害的防卫

(1) 夜间行走要结伴而行。

(2) 回家或者返校时不坐“黑车”，不独自乘车。

(3) 不贪便宜，处事谨慎。

（4）机智识别猥琐男人。

（5）公交车上勇敢面对。

（6）公共场所谨防走光。

（7）衣着不要太过暴露。

（8）注意宿舍安全，夜间关好门窗。

3. 临危不惧、正当防卫

（1）遇到骚扰大声呵斥。

（2）注意保护重要部位。

（3）保持镇静、临危不惧。

（4）机敏坚强、顽强抵抗。

（5）胆大不慌、依法自卫。

案例分享

【案例 1】

山东某县发生过一件这样的事：中学生小兰早早来到学校，可因为太早了，校门还没开，她就坐在门口等着。过了不久，一个 30 多岁的男人走过来，求小兰帮忙推推车，说着，用手指了指不远处的手推车，车上装着砖头。小兰见时间还早，就毫不犹豫地跟着他走了过去。他们推车走不远就进了一个小胡同，再走几步又拐到一个像仓库的空房子里，那人随手关上门。小兰感觉事情不妙，可已经来不及了，那人凶相毕露，向小兰扑了过来……

【案例 2】

小花是湖北某市一中职学生，对于一年前的那次经历，她至今还历历在目。那天下午，学校难得提前放学，小花看看时间才 3 点半，就决定去闹市区的书店逛逛。逛完书店已经 5 点多了，小花来到公共汽车站等车。一会儿，一辆面包车开过来，司机问小花某某小区怎么走？小花详细地为司机指了路，司机又说，如果方便，能不能帮我们带带路？小花想，某某小区就在自己家附近，帮他们带路，自己也能搭车回家，省得挤公交车了，于是点点头上了车。哪想到，车里是一伙人贩子，他们不顾小花的拼命反抗，把车开出城。走了两三个小时，车开到一个加油站加油，小花趁一个绑匪去买东西时，挣脱束缚跳下车，借着夜色逃向山坳。几个绑匪找了半天没找到，悻悻离去。后来，小花回到加油站，一打听，才知道此地已属另一个县，离小花家有百公里。小花借电话打 110 报警，在民警的帮助下回到了家。

案例反思

上述案例中两名女孩安全意识淡薄，自我保护能力差，从而遭到伤害。女孩要提高安全意识，提高自我防护的能力。

提升训练

牢记自我保护措施，向伤害说不！

安全小故事

斑鸠筑巢：预防为主，永远不能忘

斑鸠兄弟俩已经长大成人，父母让它俩独立生活。哥哥找了一个粗壮的树杈，在那里筑巢；弟弟不听哥哥劝，因懒惰不愿筑巢，生活在别人丢弃的巢里，那里枯枝败叶，遇风雨即飘摇。初冬的一天，半夜里狂风大作，斑鸠哥哥躺在安逸的房间里享受香梦，斑鸠弟弟不得不随着狂风飞去，飘逝远方……

安全工作方针强调“安全第一，预防为主”。安全工作要有预见性，如果自己没意识到，听听别人的建议也是好的，不能因为自己的无知或者一时的懒惰而酿成大祸，更不能抱着侥幸心理面对严肃的安全生产工作，防患于未然比出了险情再去补救更为重要。

小贴士

过马路时左右看，用家电时看插头，用火电时要小心，做工作时要认真，平平安安过一生。

第五节　预防校园纠纷

校园，是培养人的地方，是文明的殿堂；校园，本该是一方净土。然而近年来，发生了多起校园惨案，让人触目惊心，也让我们更加关注校园安全。在学校加强安全保卫的同时，同学们也要学会一些面对危险的应急方法。让我们积极行动起来，共创美好和谐校园。

案例分享

【案例 1】

学生教室内捅死同学

2016 年 1 月 3 日 19 时左右，某职业高中 88 班高一年级学生詹某某与同班同学王某某发生口角，回到宿舍后，王某某用随身携带的小刀捅了詹某某腹部一刀。事发后，班主任李老师一边迅速将詹某某送往县医院抢救，一边报警。永胜县公安局接警后立即赶到现场处理，控制了王某某。詹某某最终抢救无效死亡，犯罪嫌疑人王某某被刑事拘留。

【案例 2】

中毒学生赔偿案

2004 年 9 月 22 日，对于某市第二中学来说，是一个黑色的日子。这天下午六点多钟，结束军训的学生来到学校第二食堂吃晚饭。大约半个小时后，几十名学生纷纷出现头晕、恶心、呕吐，有的学生倒在了食堂地上。9 月 24 日，该省疾病控制中心检测出中毒学生的呕吐物中含有“毒鼠强”成分。中毒事件发生的第二天，该市公安局侦查后发现，制造此次中毒事件的是食堂原管理员于某，他因怀疑学校膳食科主任刘某背后向校领导说他的坏话，致使他被调离膳食科，对刘某怀恨在心，遂在饭菜中投毒以报复刘某。2004 年 9 月，于某被依法逮捕。

【案例 3】

杭州萧山区发生一起校园惨案

2 月 19 日下午，记者获悉案件大致经过：被害者阿红，17 岁，就读于萧山某高中。因一点小矛盾，阿红与同学阿洁发生争吵。2 月 17 日那天，怀恨在心的阿洁纠集其他 4 人，将阿红骗至阿华家中，用围巾将阿红勒死，并肢解，随后弃尸野外。在一般人眼里，女生往往与暴力绝缘。让所有人没有想到的是，5 名行凶者中，4 人竟是女生。

警官说："女孩子在犯罪中表现出的暴力程度，大体可以反映出目前一些青少年对暴力的一种心态。"

【案例 4】

四川某中学发生血案　五名学生校门口被捅伤

中新网 9 月 30 日电　据四川新闻网报道，五个学生被刀捅伤，其中三名学生躺进医院抢救。9 月 28 日深夜，这场血案在某中学的校门前发生。受伤学生中有一名叫曹某生的男生，他父亲曹某云介绍说，曹某生是该中学高三的复读生。据曹某云询问伤者曹某生获知的情况是，晚自习下课后，曹某生和几个同学准备到校外吃点东西，谁知刚刚走出校门口就和等在学校门口的几个人发生了冲突。曹某生身中三刀伤势较重。据了解，事发后警方和学校保安抓获了参与捅人事件的几个嫌疑人。

【案例 5】

两伙高中生为女孩打斗　4 人受伤 1 人断手

哈尔滨市南岗中学的两名高一学生，同时喜欢上同校一名女同学，为此，两人决定用武力解决此事。13 日中午，二人各找多名帮手在学校门口附近拿着砍刀、镐把进行打斗。事后，4 名学生受伤被送进医院，其中一人的手筋被砍断。

【案例 6】

高一学生追求女班长受挫　杀死情敌后剖腹自杀

2005 年 6 月 23 日上午 8 时许，苏州市某中学高一学生孔某用弹簧刀刺杀猝不及防的同班同学魏某。随后，孔某持刀跑进教室与女班长姚某吻别。然后，孔某转身剖腹自杀……最终，魏某因伤势过重抢救无效死亡，孔某虽保住了性命，但要接受法律的制裁。

【案例 7】

2017 年 2 月 19 日，伊春市某学校刘某怀疑受害人李某在 QQ 群里发消息说她坏话，刘某等 5 人就用扫把、铁管等对李某进行殴打，用买来的辣椒、啤酒、矿泉水勾兑成混合液体逼迫受害人李某喝下，并拍下视频发布于 QQ 群。刘某被行政拘留 10 日并处罚款 500 元，对涉事人张某等四人不予处罚，责令家长严加管教。

【案例 8】

2017 年 1 月 9 日，张家口某县 16 岁女孩吴婷雨（化名）失联。家长发出寻人启事四处寻找，得知女儿失联前曾遭同学欺凌。4 天后，吴婷雨的遗体在县城一座山脚下被找到，尸检鉴定意见称系生前坠落跌跤致颅脑损伤死亡。

案例反思

案例中的几起校园血案都是因为学生法律观念淡薄，自控能力差，是非不分，家长、学校在处理问题时方法不当，没能及时引导学生如何行事。关注学生心理健康教育，培养学生安全防范知识，提高学生法律观念，让学生正确地认识问题、处理问题，是避免问题发生的关键。学校更应重视各种设施的安全，注意安全隐患的排查，力保为学生营造一个安静、和谐、健康的校园氛围。

安全讲堂

中职生处于十六七岁血气方刚的时期，如果不能树立健康心态，一时冲动，会犯一些低级错误，以致误入歧途。美好人生刚刚开始的中职生，尤其是男同学，更应该克服一时的冲动，为了明天，为了自己，为了家人，树立健康心态，建立自律意识，保护自身安全。

一、克服冲动，防止纠纷

1. 发生校园纠纷的原因

（1）中职生之间交往频繁，由于性格不合、见解不一、利益冲突等原因经常发生纠纷。

（2）由于受一些暴力书籍中不良内容的影响，充当大哥，目中无人，傲气十足，拉帮结派，往往使中职生不能很好地辨别是非，以致助长了校园暴力事件的发生。

（3）没有养成良好的行为习惯，乱说脏话，开玩笑过分，争强好胜，逞强好斗等原因，造成你碰我一下，我骂你一句，发展到校园暴力事件，更严重者会发展到群体斗殴事件，甚至成为刑事案件，危及生命或者丧失宝贵的生命。

（4）早恋的发生，往往造成男女同学之间怀疑猜测、嫉妒吃醋等，是导致校园纠纷的一个重要原因。

（5）讲究哥们义气，为同学、老乡、朋友“两肋插刀”。

愤怒以愚蠢开始，以后悔告终。校园纠纷是校园内的一大公害，成为中职生违法犯罪行为的重要表现之一。

2. 树立健康心态，建立自律意识，注重语言美

（1）你不小心“触犯”了别人时，讲一句“对不起”“很抱歉”“请原谅”，或者别人“触犯”了你，向你道歉时，你回敬一句“没关系”，紧张气氛往往能烟消云散，从而化干戈为玉帛。

（2）说话和气，心平气和地与人说话，以理服人，不强词夺理，不恶语伤人。

（3）说话文雅，谈吐雅致，不说脏话、粗话。

（4）说话要谦虚，尊重对方，不说大话，不盛气凌人。

3. 好朋友打架怎么处理

（1）做到苦口婆心讲道理。

（2）注意朋友的思想动态，及时规劝。

（3）做到不“拉偏架”。

4. 遵纪自爱，避免矛盾激化

（1）遵守学校的规章制度，减少纠纷产生的可能。

（2）不去舞厅、KTV、网吧等治安复杂场所，避免与不法分子发生矛盾。

（3）要自爱、自律，避免不良风气的侵蚀，不沾黄赌毒，不抽烟，不喝酒。

（4）要严于律己，宽以待人，营造和谐、和睦、健康的校园氛围。

（5）注重语言美，善于用幽默的语言化解同学之间的矛盾。

二、向校园欺凌大胆说“不”

1. 什么是校园欺凌

校园欺凌是指在校园内外学生间一方（个体或群体）单次或多次蓄意或恶意通过

肢体、语言及网络等手段实施欺负、侮辱，造成另一方（个体或群体）身体伤害、财产损失或精神损害等的事件。校园欺凌多发生在中小学。校园欺凌分为单人实施暴力、少数人实施暴力、多人实施暴力，实施环境多为校园周边或人少僻静处。

2. 哪些行为属于校园欺凌

（1）叫受害者侮辱性绰号；指责受害者无用。粗言秽语、喝骂。

（2）对受害者重复的攻击，拳打脚踢、掌掴拍打、推撞绊倒、拉扯头发。

（3）损坏受害者的个人财产、教科书、衣服等，或嘲笑受害者。

（4）欺凌者明显地比受害者强，而欺凌是在受害者未能保护自己的情况下发生。

（5）传播关于受害者的消极谣言和闲话。

（6）恐吓、威迫受害者做他或她不想做的，威胁受害者跟随命令。

（7）让受害者遭遇麻烦，或令受害者招致处分。

（8）中伤、讥讽、贬抑评论受害者的体貌、宗教、种族、收入水平、国籍、家人或其他。

（9）分派系结党：孤立或排挤受害者。

（10）敲诈：强索金钱或物品。

3. 学生该怎样维护自己的利益

（1）受害者自身的觉醒和保护自己的勇气。坚决让自己的人格与其他人处于平等地位，对于不公平事件绝不忍让。除非自己内心非常愿意，否则不做违背自己意愿的事。

（2）通过增进师生们对社会正义问题的理解来解决校园欺凌问题。任何环境和群体，同类或同龄人之间的行为一定要公平合理。

（3）提高交往能力，受害者要通过与同学沟通，让同学认识到骚扰、折磨与自己不同的人是错的，欺凌问题就容易得到解决。

(4) 受害者要积极与老师联系。调查发现，欺凌现象发生最多的是在放学后的走廊和厕所，或教师监控不到的宿舍等地方。

(5) 要大胆向老师反映，希望得到公平的待遇。在问题解决后，一方面可以原谅那些同学；另一方面可以让学校对那些给同学带来身体或心理伤害的学生停课，并为此制定更加明晰的指导原则和程序。

提升训练

中职生应该怎样做才能减少或者避免校园纠纷的产生呢？

安全小故事

抓猴子：不能为了效益而忽视安全

在东南亚一带，当地人将一些美味的水果放在一个木箱子里面，箱子上开一个小洞，大小刚好够猴子的手伸进去。如果猴子抓了水果，手就抽不出来了，除非它把手中的水果丢下。但大多数的猴子都不愿把手中的东西丢掉，以致当猎人来时，不需要费什么力气就可以捉住它们。

有些企业在生产经营过程中，往往为了一点点利益，就不经意间选择了以牺牲最为宝贵的生命为代价。从这个故事之中我们应该明白，追求经济利益的同时也要注重安全，要舍得安全生产投入，才能创造财富、拥有财富，否则一切都是空谈。

小贴士

树立健康心态，建立自律意识，创建和谐校园。

坚持安全实训　有效预防风险

坚持安全实训是保障学生生命安全和机床设备安全，防止工伤和设备事故的发生。安全实训是职业院校安全工作的重中之重，学生在学习和掌握操作方法的同时，必须养成良好的安全生产的习惯，为日后就业奠定一个良好的基础。我们必须在实训中讲安全，避免安全事故的发生。

第一节　实训用电安全

中职学生的实训涉及多个行业，其所面临的作业危险也各不相同，其中用电安全是一个大家都无法逃避的话题。随着电气设备在各行各业的普遍使用，不当操作所造成的用电安全事故已是危害中职生人身安全的重要因素。因而，让中职生掌握在实训中的用电知识和安全用电方法，是安全教育的一个重要课题。

案例分享

李某在实习的时候，被安排在一家电力公司当电工，负责电力检修与维护。一天，李某未系安全腰带，未戴安全帽，只穿短袖衫就上梯进行室外抢修接线工作，他的师傅则在下面监护。李某先将内侧一根导线接头接好，未经绝缘包扎就去接外侧一根导线，不慎右手手臂触及内侧裸露的接头引起触电，只听到一声惨叫，李某从梯子上坠落，头部着地当场死亡。

案例反思

案例中发生事故的原因有以下几点：

(1) 李某未穿戴好安全防护用品。

(2) 李某没有逐项进行绝缘包扎，而是带电作业。

(3) 监护人未尽职责。

(4) 没有采取绝缘隔离措施。

安全讲堂

触电事故的发生往往比较突然，且在很短的时间内造成极为严重的后果。学生在实训或者学习过程中可先了解一下触电及触电事故发生的原因和规律，以便制定出快速有效的应对措施。

一、触电

触电是指因人体接触或靠近带电体而导致一定量的电流通过人体，使人体组织损伤并产生功能障碍甚至死亡的现象。按照人体受伤程度不同，触电可分为电击和电伤两种类型。电击是指电流通过人体细胞、骨骼、内脏器官、神经系统等造成的伤害。电伤一般是指由于电流的热效应、化学效应和机械效应对人体外部造成的局部伤害，如电弧伤、电灼伤等。

人体触电的方式主要有单相触电、双相触电、跨步电压触电等。

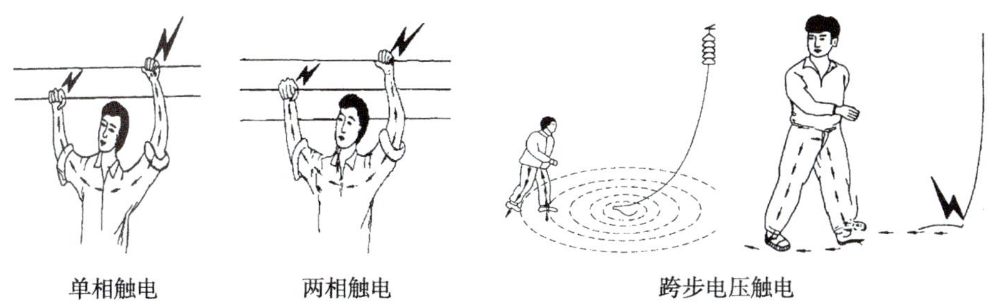

单相触电　　两相触电　　跨步电压触电

二、触电事故发生的原因

尽管造成触电事故的原因是多样的，但还是有其共同点，经归纳总结，主要有以下几个方面原因。

1. 违反安全操作规程或安全技术规程

如在低压系统中，接错线停电后，不经验电操作，不按规程要求敷设临时线或不按规章要求穿戴防护用品；在高压系统中，在电气设备停电检修时，没有采取完善的组织措施，对停送电指挥不明确，弄错停送电时间或停送电范围等。

2. 缺乏电气知识

缺乏电气知识而发生的触电事故，相当一部分由非电工操作引起。如临时接地线不按要求做，甚至不断电临时接地线；不切断电源移动电气设备；不熟悉电气设备的情况下，冒险通电试运行，或带电检修、检测；不知电动工具是否安全可靠即通电使用；同时剪两条或更多的带电导线等。

3. 操作者对电气设备或供电线路的安装、维护不当

常发生在低压系统中，如人可触及的导线出现裸露部分，未及时包裹更换；保护接地的设备，其接地装置长期不检测，接地电阻过大，甚至失去作用；保护接地或接零的保护线断开而未发觉；线路检修后，相线零线接错，正常的设备外壳带电等情况。

4. 设备的质量不良

常发生在低压电器及手持电动工具上。如设备绝缘不良；应设保护接线端的设备，未设此接线端；应使用护套作为电源线的，未使用护套线；电气设备内部接线不良，导致裸露部分碰了金属外壳。

5. 意外因素

如触及落地的带电导线；车辆超高，触及带电架空线；人工抬拉过高过长金属物，碰到带电导体；触及了意外带电的零线等情况。

三、触电事故规律

根据对触电事故的分析，可找到以下基本规律。

1. 夏季发生的触电事故多

6—9 月份发生的触电事故占全年 80%。主要原因如下：

(1) 夏季气温高，工作人员穿衣单薄，人体皮肤外露，出汗皮肤潮湿，触电机会增大。

(2) 晚间休息不好，造成工作中精神不集中或操作失误导致触电。

(3) 夏季高温潮湿，遇到大雨、雷电等多发天气，设备线路易出现故障，使得维修量增大，使触电机会增多。

2. 低压设备触电事故多

低压设备触电事故之所以多于其他设备的触电事故，原因有以下几点：

(1) 低压设备的使用与维修的机会大大多于高压设备，触电机会增加。

(2) 使用低压设备的机器人数众多，对安全防护工作比较轻视，使触电机会增加。

3. 使用手持式电动工具及移动式电气设备易发生触电事故

(1) 手持式电动工具使用时震动大，易造成绝缘体损坏或结构上的损坏，引起触电事故。

(2) 手持式电动工具电源线在引出部位易磨损，一旦碰到外露的芯线或金属外壳易引起触电事故。

(3) 金属外壳的接地或接零保护未能真正起作用，如插头部位有保护线，而插座没有。

（4）移动式电气设备在移动时未切断电源，电源线被拉断或踩伤后引起触电事故。

（5）未加漏电保护。

四、安全用电原则

（1）不靠近高压带电体（室外高压线、变压器旁），不接触低压带电体。

（2）不用湿手扳开关、插入或拔出插头。

（3）安装、检修电器应穿绝缘鞋，站在绝缘体上，且要切断电源。

（4）禁止用铜丝代替保险丝，禁止用橡皮胶代替电工绝缘胶布。

（5）在电路中安装漏电保护器，并定期检验其灵敏度。

（6）遇雷雨天气时，不使用收音机、录像机、电视机，且拔出电源插头。

（7）严禁私拉乱接电线，禁止学生在寝室使用电炉、“热得快”等电器。

（8）不在架有电缆、电线的区域放风筝和进行球类活动。

安全小故事

浙江温州一起家庭用电安全事故

2017 年 8 月 7 日，浙江省温州市瓯海区新桥街道新桥住宅区 12 组团 16 幢 502 室发生了一起触电事故，导致一家三口惨死的悲剧，在当地引发了震动。据专家初步勘察，事故的直接原因是该单元 302 室事发前修理线路时将地线与火线错接，导致整个单元地线带电，正好 502 室的一名家庭成员在使用电热水器洗澡时经由喷洒管触电，其他两名家庭成员在施救过程中相继触电，最终导致三人均触电身亡。事发时由于触电电源来自其他家庭，所在小区配电情况非常混乱，配电系统老化却没有改造，整个住宅区均没有安装漏电保护开关，尽管出现了火线漏电情况，也未能起到安全保护作用。根据我国城市小区配电安全有关规定，小区配电应采取漏电保护措施。一个简单的火线地线接线错误，导致一家三口触电身亡，若不是该事故的警示作用，该单元说不定会有更多的人员触电身亡（事发后勘察时发现整个单元各户家用电器表面均带电）。这不得不引发我们深思。

我国早已进入家庭电器化时代，几乎所有的城市家庭和大部分农村家庭均有电冰箱、洗衣机、空调器、电视机、热水器、微波炉、电脑、音响等家用电器，这些家用电器在带给人们便利舒适的同时，也暗藏着一部分安全隐患。这些隐患主要表现为电器质量低劣及非正确使用带来的火灾隐患和触电隐患，电器漏电带来的触电隐患，电路插座使用过程中导致的触电隐患。为了保证用电过程的安全，电路设计时采取各种安全措施，如设置地线，家庭配电箱设置漏电保安器、电路插座防触电设计、配电箱及电表过流保护等。设置地线及漏电保安器本意是当发生漏电时，可以使电器与人接触的表面保持零电位不至于触电，触电保安器发生动作即切断电源，保证人员安全。上述安全措施看似完美，但在实际使用过程中，仍然存在许多缺陷，本案例就是典型的一个。

线路设置地线，原意为电器用电安全设置一个零电位，如果一切正常，不失为一个好方法。这个地线为整个单元甚至整座楼共网，由于施工质量不佳或者年久失修，地线接地可能失灵，而某户人家不慎将地线与火线错接，导致整个地线网带电，全网的电器设备表面均带电，这种情况下安全事故将不可避免地发生。

提升训练

1. 假如你是一名机电专业的学生，你在实训和工作中应该注意哪些用电常识？
2. 请描述一下假如有人触电了，你应该怎么做？

安全小贴士

触电如何自救？

1. 机敏反应，迅速脱离带电体。

2. 冷静应对，科学进行就地抢救。

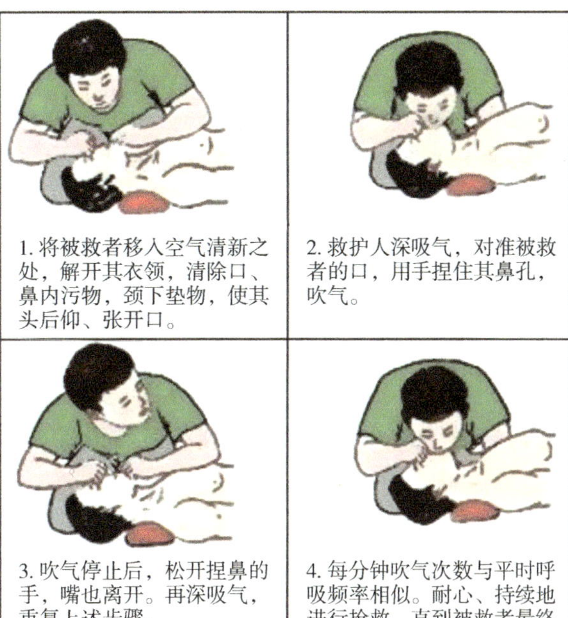

3. 打电话叫救护车，或立即将伤者送往医院急救。

第二节　实训操作安全

当前，“以技能训练为核心，强化实践教学环节”的人才培养新模式，符合职业发展规律和社会市场需要，成为职教改革与发展的重点之一。实训操作教学是中职学校教学的重要组成部分，因此，培养中职学生的实训操作安全意识极其重要。

案例分享

【案例 1】

实训车间中，同学孙某打开电源开关，突然一道弧光烧伤了该同学的手臂。

【案例 2】

在维修电工实训室中，同学王某与同学丁某发生冲突，王某拿起操作工具十字改锥扎向对方，致使丁某胳膊、大腿多处受伤，被送往医院紧急治疗。

【案例 3】

同学李某在机械实训中忘了戴安全帽，在操作机器时头发被绞入机器中，致使头皮剥落，落下残疾。

【案例 4】

同学赵某戴手套操作机床，导致手被绞伤。

案例反思

案例中发生事故的原因如下：

案例 1，由于电源开关的不安全状态所致，理应换成空气开关。

案例 2，发生事故很大程度上是因为学生纪律问题，部分学生自由散漫，易冲动，不能严格遵守实训间的上课纪律。

案例 3，因为同学李某的不安全行为——不戴安全帽所致。

案例 4，安全管理缺陷——没有制定相应的操作规程，老师没有及时发现并纠正戴手套操作机床的违规行为。

安全讲堂

中等职业学校专业多样，中职生就业岗位的种类很多。每一种职业都有其特有的职业道德和职业安全要求。只要时刻树立珍爱生命、安全第一的思想，就能成为一名合格的员工。

一、实训基本要求

(1) 安全第一，预防为主的原则。高度重视，课前讲安全，训练中讲安全，训练后总结安全，要求处处牢记安全，防微杜渐，防患于未然，把事故消灭在发生事故前。

(2) 落实安全责任制的原则。由校长到主任到实训老师到实训学生垂直管理，保障实训安全。

(3) 制度健全与检查落实的原则。制定相应的安全管理制度，张贴于实训车间中，经常巡回检查安全隐患。

(4) 事故处理“四不放过”的原则。即事故原因不查清不放过，事故责任不得到处理不放过，整改措施不落实不放过，教训不吸取不放过。

二、特殊工作工种的安全规范

1. 机加车间常见的防护装置的注意事项

(1) 不准戴围巾、手套；不准穿宽松式外衣；袖口、衣襟必须抓紧。

(2) 必须戴好安全帽，女工发辫应绾在帽子内，不得穿裙子。

(3) 不得在开动的设备旁换衣服。

(4) 要戴防护眼镜、防尘口罩，穿安全鞋。

2. 机械操作过程中的注意事项

(1) 设备运转时，不许进行测量、加油、调整、清理、维修等工作。

(2) 加工工件时，严禁以手代替工具。

(3) 机床在运转中，切忌隔着运动部件去拿工件。

(4) 切勿将刀具、量具等物品放置在机床旋转体或加工台面上。

(5) 清理铁具时禁止用手、嘴、压缩空气等。

(6) 机床上的安全防护设施不得拆除。

(7) 禁止使用破损的钢丝绳调运工作。

(8) 毛坯或者加工好的部件未放置好，本人不得作业或者离开。

(9) 两人以上作业时，没有做到统一不要作业。

(10) 机床设备正在运行时，操作人员不得离开。

(11) 工作中应注意力集中，不要随意和同学聊天。

(12) 工作后，没有关闭电源不要随意离开。

3. 车工应注意的安全事项

(1) 夹持工件的卡盘、拨盘、鸡心夹的凸出部分最好使用防护罩，以免绞住衣服或身体的其他部分，如无防护罩，操作时注意保持安全距离，不要靠得太近。

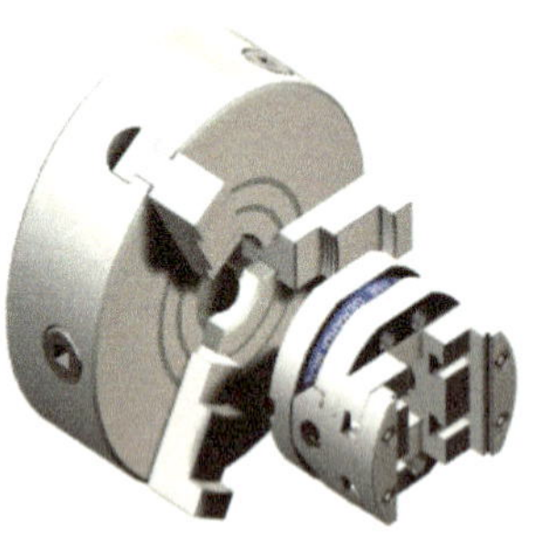

(2) 用顶尖装夹工件时，要注意顶尖与中心孔应完全一致，不能用破损或歪斜的顶尖，使用前应将顶尖、中心孔擦干净，后尾座顶尖要顶牢。

(3) 车削细长工件时，为保证安全应采用中心架或跟刀架，长出车床部分应有标志。

(4) 车削形状不规则的工件时，应装平衡块，并试转平衡后再切削。

(5) 刀具装夹要牢靠，刀头伸出部分不要超出刀体高度的 1.5 倍，刀下垫片的形状、尺寸应与刀体形状、尺寸相一致，垫片应尽可能少而平。

(6) 对切削下来的带状切屑、螺旋状长切屑，应用钩子及时清除，切忌用手拉。

(7) 为防止崩碎切屑伤人，应在合适的位置安装透明挡板。

(8) 除车床上装有在运转中自动测量的量具外，均应停车测量工件，并将刀架移到安全位置。

(9) 用砂布打磨工件表面时，要把刀具移到安全位置，并注意不要让手和衣服接触工件表面。

（10）磨内孔时，不可用手指支撑砂布，应用木棍代替，同时车速不宜太快。

4. 铣工应注意的安全事项

（1）在开始切削时，铣刀必须缓慢地向工件进给，切不可有冲击现象，以免影响机床精度或损坏刀具刃口。

（2）加工工件要垫平、卡紧，以免工作过程中发生松脱而造成事故。

（3）调整速度和变向，以及校正工件、工具时均需停车后进行。

（4）工作时不应戴手套。

（5）随时用毛刷清除床面上的切屑，清除铣刀上的切屑要停车进行。

（6）铣刀用钝后，应停车磨刃或换刀，停车前先退刀，当刀具未离开工件时，切勿停车。

5. 钻床工应注意的安全事项

（1）不准戴手套操作，严禁用手清除铁屑。

（2）头部不可离钻床太近，工作时必须戴帽子。

（3）钻孔前要先定紧工作台，摇臂钻床还应定紧摇臂，然后才可开钻。

（4）在开始钻孔和工件快要钻通时，切不可用力过猛。

6. 焊工车间应注意的安全事项

（1）焊工车间要经常保持通风干燥，电焊机合闸前必须检查高压电有无漏电或搭铁，接线处有无松动，之后方可合闸工作。

（2）施行电焊时必须佩戴面罩、手套、护脚，以防弧光刺伤眼睛、烧伤皮肤，防止火花飞溅时引起烧伤。

（3）敲打电焊药皮时，必须小心，防止焊渣飞溅烧伤眼睛。

（4）严禁带火进入乙炔发生器地下室，防止爆炸。

（5）必须定期检查安全回火防止器，做到安全可靠。

（6）搬运氧气瓶时必须加安全防震圈，搬运时要轻放，严禁滚动、摔碰、敲打、剧震氧气瓶，严禁氧气瓶在烈日下曝晒。气焊火源需距氧气瓶 3～5 米，防止爆炸。

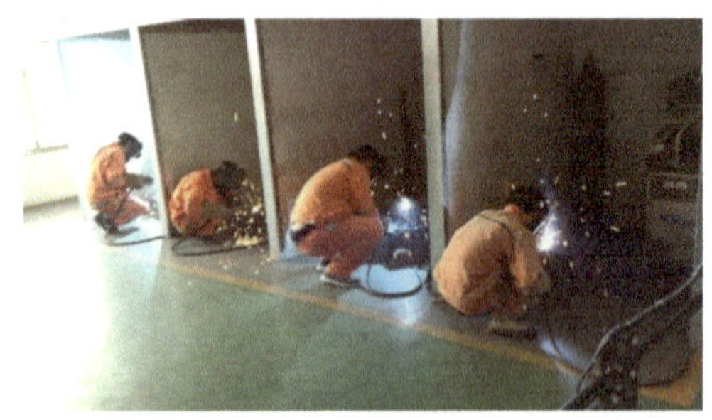

（7）焊补汕桶、油箱时，必须先将汕垢清除干净，然后再小心施焊，防止爆炸。

（8）下课前必须切断电源，关闭氧气、乙炔。

7. 钳工车间应注意的安全事项

（1）钳工所用的工具，在使用前必须进行检查。

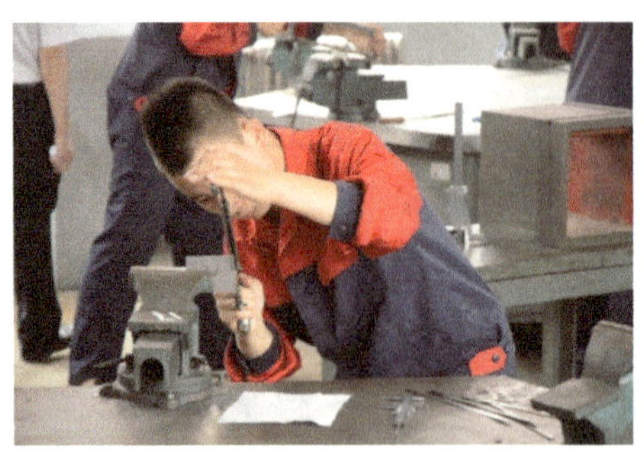

（2）钳工工作台上应设置铁丝防护网，在錾凿时要注意对面工作人员的安全，严禁使用高速钢做錾子。

（3）用手锯锯割工件时，锯条应适当拉紧，以免锯条折断伤人。

（4）使用大锤时，必须注意前后、左右、上下的环境情况，在大锤运动范围内严禁站人，不允许使用大锤打小锤，也不允许使用小锤打大锤。

（5）在多层或交叉作业时，应注意戴安全帽，并注意听从统一指挥。

（6）检修设备完毕，要使所有的安全防护装置、安全阀及各种声光信号均恢复到其正常状态。

8. 汽修车间应注意的安全事项

（1）拆装零部件时，必须使用合适工具或专用工具，正确地使用工具，切忌蛮干、不得用硬物、手锤直接敲击零件。

（2）零件拆卸完毕应按一定顺序整齐摆放，不得随意堆放。

（3）废油应倒入指定的废油收集桶，不得随地倒流或倒入排水沟内，以防废油污染。

（4）修维作业时应注意保护汽车漆面光泽，地毯及座位要使用保护垫布、座位套以保持修理车辆的整洁。

（5）在车上修理作业及用汽油清洁零件时不得吸烟，不准在车间内烧烘火花塞或点燃喷灯等。

（6）用千斤顶进行底盘作业时，必须选择平坦、坚实的场地并用三角木将前后轮塞稳，然后用安全凳按车型规定支撑稳固，严禁单纯用千斤顶顶起车辆在车底作业。

（7）修配过程中应认真检查原件或更换件是否合乎技术要求，并严格按修理技术规范精心进行施工和检查调试。

9. 维修电工车间应注意的安全事项

（1）凡在实训室上课的人员，必须佩戴和使用电工安全防护用品，否则取消其实训资格。

（2）必须按照电工规范文明操作，未经老师允许不准擅自动用仪器、仪表、电器开关、电源控制柜等设备，未经老师许可不准私自通电试车、测试，若因此造成事故，由制造事故者本人承担全部责任。

（3）在通电测试数据、检修过程中，必须双脚踩在绝缘垫上，同时穿好绝缘鞋，以防触电。

（4）凡在实训室上课的学生，必须提前预习，熟悉电路图及操作步骤和注意事项。

（5）在操作过程中，若发现电器设备损坏或人员触电时，应立即切断电源。

10. 美容美发实习间应注意的安全事项

（1）美容美发实训前要先洗净手。

（2）所有实训工具设备严禁带出实训室。未经允许不得私自触碰实训工具，不得追逐打闹，否则出现割伤、划伤等安全问题，责任自负。

（3）实训完毕后及时关闭电源。实训室不得出现长明灯现象。

（4）美容实训室的床铺在非实训时间禁坐、禁躺。

（5）不得随地吐痰、吸烟、吃零食，不能穿拖鞋，不能玩手机，不能干与实训无关的事情。

11. 舞蹈实训室应注意的安全事项

（1）进入舞蹈实训室，应穿软底鞋或舞蹈鞋，严禁穿硬底鞋入内。

（2）舞蹈实训室内不准追逐、打闹，运动时应注意他人所处位置，以免造成伤害事故。

（3）离开时必须切断电源，关好门窗，如因缺乏一定的安全措施而造成室内设施设备损坏、遗失、被盗，则追究有关人员责任。

（4）禁止携带尖锐物、颗粒物、化学药水和有毒有害物品进入舞蹈室，防止意外伤害事件发生。

（5）禁止在舞蹈实训室吸烟、燃点蚊香和蜡烛。

（6）禁止在舞蹈实训室喝水、吃东西。

（7）禁止在舞蹈实训室吐痰和扔脏物。

（8）禁止用脏手和脚在墙壁上触碰，禁止在舞蹈实训室乱写乱画。

（9）禁止碰撞和倚靠壁镜，防止玻璃破碎伤人。

安全小故事

未切断电源酿成的悲剧

曾某被分配到荆州区一家机械加工有限公司实习。某日，车间里的工人都在各自忙着自己手头上的事情，只有曾某独自在数控机床上操作。突然，数控机床发生了故障，按照正常的操作流程，此时应该是切断电源再进行检查，但曾某当时并没有切断电源，而是直接进行检查。在不规范作业的情况下，他被机床里甩出来的零件砸到了头部，造成了当场身亡的悲剧。

前车之鉴犹在，警钟仍须长鸣。每位学生都应该严格要求自己，加强自身的安全意识和防护能力，切勿让因机械设备操作不规范或行为不当而引发的安全事故再次发生。

提升训练

请结合你的专业工种，谈一谈在实训过程中应该注意的安全操作规范有哪些?

安全小贴士

第三节　防火、灭火常识

俗话说“水火无情”。火在给人类带来方便和益处的同时，也给人们的生命和安全带来了不可估量的损失和危害。学生在实训过程中，一旦因为操作不当引发火灾，该如何应对？

案例分享

【案例 1】

电烙铁引发的惨剧

维修电工实训室内，某班在上焊接收音机电路板的实训课。学生李某在结束焊接离开实训室时，忘记断开电源且没有将电烙铁放回烙铁架中，致使整个实训室器材被烧毁。

【案例 2】

蓄电池致实训车间起火

2016 年 1 月 5 日上午 11 点半左右，北京某职业院校汽修车间起火。一名学生说，当时他正在给修车用的蓄电池充电，充电还未结束，蓄电池忽然冒出了火花。他赶紧切断电源，并和同伴找来灭火器试图将火扑灭，但火势蔓延迅速。二人慌乱中打电话报了警。消防中队迅速赶到扑救，10 多分钟后，火势被控制。

案例反思

案例 1 中，学生李某没有按规定使用电烙铁，致使火灾发生。电烙铁离岗时应放回烙铁架中，且远离可燃物并关闭电源，以免引起火灾。使用烙铁时，不可敲击或甩锡渣，以免烫伤自己或别人。

案例 2 中，火灾是因蓄电池过热引起，且该学生没有采取正确的灭火方式，致使火势蔓延。

安全讲堂

作为职校学生，应该树立正确的消防意识，从自我做起，从预防做起，远离火灾。

一、电气火灾的防范

（1）要严格按照电力规程进行安装、维修，根据具体环境选用合适的导线和电缆。

（2）强化维修管理，尽量减少人为因素，经常用仪表测量导线的绝缘情况。

（3）要选用合适的安全保护装置。熔断器应装在相线上，同时要在进户电源总开关上安装漏电保护装置。

（4）环境要保持良好的通风、散热条件。

（5）要选择质量过关的电器。

（6）不要将众多电器共同连接在一个电源插座上。

二、电气火灾的扑救

（1）发生火灾时，应保持清醒的头脑，不要惊慌，要冷静地根据现场情况采取适当的处理措施。

（2）尽快切断电源，防止火势蔓延。可采用拔插头、拉开关、断电线、拔保险等多种可行的方法。

发生电气火灾时，先断开电源后灭火

（3）发现火情应及时拨打 119 火警报警电话，向消防部门报警。

三、常见灭火器的分类及使用方法

常见灭火器主要有泡沫灭火器、二氧化碳灭火器、干粉灭火器、1211 灭火器、水基灭火器等。

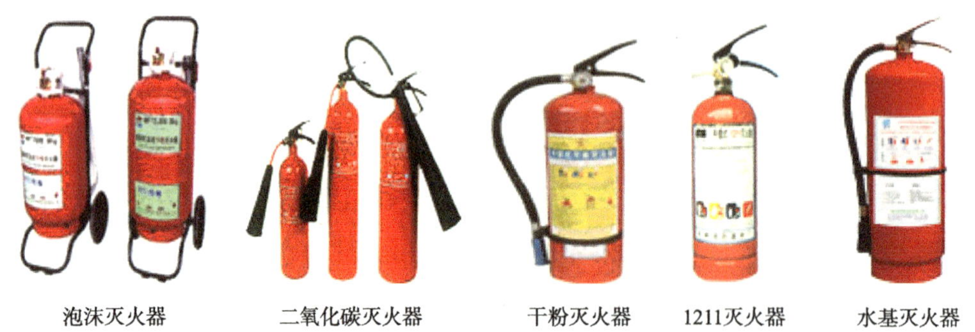

泡沫灭火器　二氧化碳灭火器　干粉灭火器　1211灭火器　水基灭火器

常见灭火器的使用方法如下图所示。

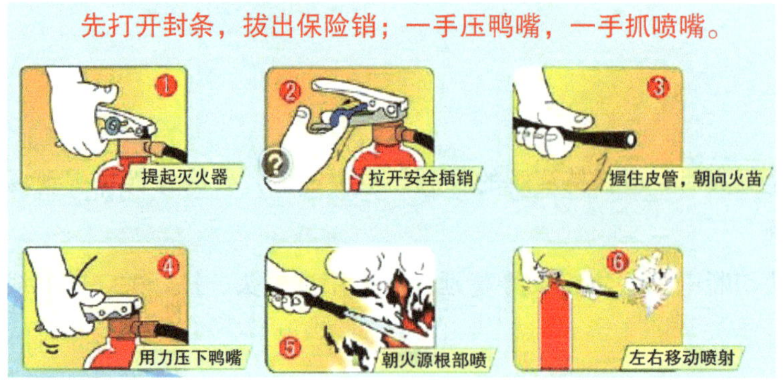

安全小故事

生产车间发生火灾事故应该怎么办?

2018 年 6 月 21 日 15 时许，某钢铁公司成品车间 15 名职工正在现场工作，因成品库房电气线路老化出现打火，引燃库房内存放的包装盒等物品，瞬间整个车间烟雾弥漫，情况十分危急。

在现场作业的库房管理员韦某发现库房内有烟气向外弥漫，立即向成品车间主任赵某汇报情况。赵某与韦某快速跑到库房门口确认发生了火灾。赵某立即采取相应处置措施，并吹响哨子发出警报。

听到报警的当班作业人员在赵某的指挥下迅速切断厂房总电源后，用湿毛巾或手套等捂住口鼻，弯腰弓身从安全门有序撤离到厂房外安全区域。经清点人数，确认无人员被困和受伤，立即向集团公司调度室和单位负责人汇报火灾情况。生产调度室值班人员接到报告后，向集团公司领导进行了汇报，相继电话通知相关部门、应急指挥部、各应急救护分队负责人，要求 5 分钟内赶到公司成品车间门口集结。

武装保卫部救援队、公司救援队赶到现场。随即成立了临时应急救援指挥部，立即展开救援。

武装保卫部救援队在事故区域设置警戒线，对各主要路段进行交通管制，禁止人员进入。

公司救援队兵分两路，一组人员穿戴好防护装备，从预定路线进入着火现场，利用干粉灭火器，全力扑救；另一组人员做好消防水带的铺设工作后待命。

在现场灭火器全部使用完后，火势得到控制，但还没有完全扑灭。救援人员立即打开消防栓用水枪将余火扑灭。

提升训练

发生电气火灾，该如何自救？

安全小贴士

遇到火灾不要慌，记住以下口诀：

第一诀：熟悉环境，暗记出口。

第二诀：遇到火灾，首先拨打 119。

第三诀：保持镇静，明辨方向，迅速撤离。

第四诀：不入险地，不贪财物。

第五诀：简易防护，蒙鼻匍匐。

第四节 顶岗实习安全

职校学生参与企业实习是一个必不可少的环节。大多数职校生在实习过程中都要在企业的生产环境下，参与各种生产实习活动。实习生、学校与企业单位如果忽视各种安全防范措施，就容易出现事故。尽管学校与企业为了做到安全实习，采取了一些措施，但据调查显示，实习生伤害事故发生率仍呈逐年上升趋势。

案例分享

【案例 1】

某校实习生参加毕业实习。在用机床加工零件的过程中，由于操作不熟练，心里紧张，反应不灵敏，伸出去的右手没及时抽回，导致右前臂被机器缠绞轧伤。

【案例 2】

实习生霍某在操作机床时，工件卡在了模具上，按规定应用工具将工件取出，霍某图方便徒手去取工件，结果发生误操作，两根手指被压断。

【案例 3】

某校实习生与指导师傅一起进行拌料操作，拌料过程结束后，带班师傅进入隔壁车间闲聊，留下实习生一人清洁该混合机中的剩余底料，实习生误启动了混合机，左手被卷入机器而导致残疾。

【案例 4】

某校实习生许某，在实习现场，面对从未见过的 1 000 吨压砖机，在指导师傅不在场的情况下，开始安装工作，不料推料架突然倒塌，将躲闪不及的许某压个正着。

案例反思

案例 1：实习生心理准备不充分。实习前，学生往往对企业环境、实习工作过程和生产环境的认识理想化。进入实习现场对可能遇到的种种困难、问题与突发事件，缺乏应有的心理准备。因此，一旦遇到突发事件，变得手足无措，从而因操作失误导致事故发生。

案例 2：违反操作规程。工作纪律、操作规程既是保证产品质量的要求，又是操作者人身安全的保障。因此，实习生在工作中应严格遵守工作纪律，严格按照生产操作规程工作。

案例 3：实习生操作技能水平低下。实习生的职业技能水平及对操作规程的了解，直接影响系统的安全运行与操作的可靠性。尤其是当面对突发事件时，实习者的职业技能水平决定了对事故的判断与操作行为的决策，并决定了事故控制处理的成败及事故后果的严重性。除了实习生操作失误等原因，实习指导师傅不在场，没有及时制止失误操作，也是导致事故发生的重要因素。

案例 4：实习生安全意识淡薄。实习生对于学校与企业的安全教育，缺乏足够的重视，看到带班师傅的工作觉得比较简单，认为自己已完全掌握，高估了自己的能力，对于实习伤害事故的危害性认识不够深刻。

安全讲堂

实习生、学校与企事业单位由于伤害事故问题而引起的法律纠纷日益凸显，而在实际工作中，关于实习生伤害事故的处理，从法律层面上来讲，还有许多不完善的地方。实习是必修环节，通过实习，能够让学生了解真实的生产环境与生产过程，掌握操作技能。企业的真实生产环境、生产过程比校内实习、实训场地更为复杂，不可预测性及安全隐患更多，管理上更为困难。因此，如何避免伤害事故的发生，尽量把实习伤害事故发生率降到最低，显得非常迫切与重要。

一、学校为学生把好实习安全关

1. 实习前与学生签好三方协议

由于中职生学习的特殊性，学生年龄偏小，社会经验欠缺，如何保障实习过程中的安全是大多数学生最易忽视的问题。作为学校，有义务组织学生购买相关保险，组织学生跟企业、学校签好三方协议，明确各方的权利和义务。如果跟企业签订的实习协议中明确规定“乙方（学校）实习人员在甲方（企业）实习期间，工伤待遇比照国家有关工伤保险条例的相关规定执行”，实习中一旦发生安全事故，学生就能够按照工伤处理，使难题得到妥善解决。如果等事故发生后再想办法，可能就会出现很多纠纷，无论是对学校、企业还是对学生都会非常麻烦。

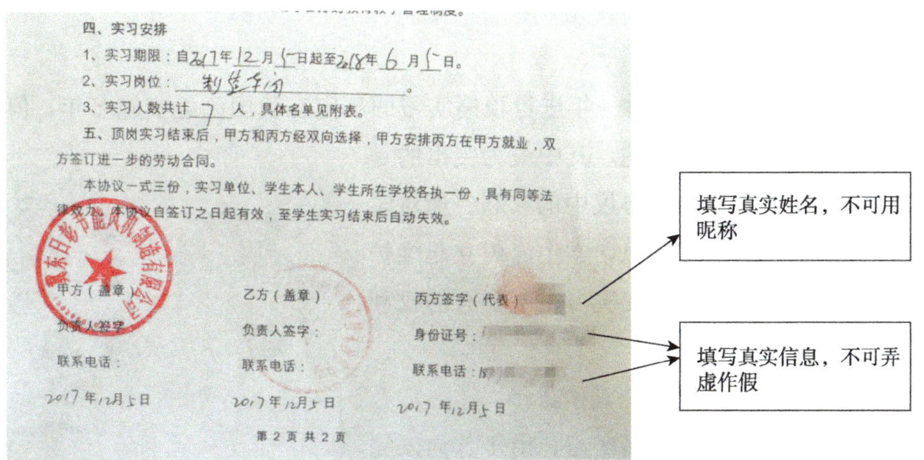

四、实习安排

1、实习期限：自2017年12月5日起至2018年6月5日。

2、实习岗位：制造车间。

3、实习人数共计7人，具体名单见附表。

五、顶岗实习结束后，甲方和丙方经双向选择，甲方安排丙方在甲方就业，双方签订进一步的劳动合同。

本协议一式三份，实习单位、学生本人、学生所在学校各执一份，具有同等法律效力。本协议自签订之日起有效，至学生实习结束后自动失效。

甲方（盖章）	乙方（盖章）	丙方签字（代表）
负责人签字：	负责人签字：	身份证号：
联系电话：	联系电话：	联系电话：
2017年12月5日	2017年12月5日	2017年12月5日

第2页共2页

2. 协商薪酬及工作时间要尊重学生的意见

通常情况下，在统筹安排学生的顶岗实习工作中，让学校感到为难的可能就是报酬与工时了。《中等职业学校学生顶岗实习管理办法》中规定的“学生实习每日不超过八小时，不得安排学生夜间实习”与多数制造业的实际工作时间存在矛盾。因此，学校应提前把相关情况告知学生，由学生自主决定是否愿意加班。在劳动薪酬方面，学校要站在学生的角度，与企业协商确定好学生的实习报酬，并提前告知学生，使学生的权益得到保障。

3. 做好实习前的安全培训工作

当“安全第一、预防为主”的口号相继成为各个校园的安全工作口号时，中职学生的实习安全常识培训也被当成重点。教育部办公厅下发的《关于进一步加强中等职业学校学生实习风险管理工作的紧急通知》中明确强调，各地中等职业学校要安排专人负责学生实习风险管理工作，形成学生实习前有专门培训、实习中有过程管理、出险后及时赔付的全流程风险管理制度，做到学生人人参保、应保尽保。2014 年国务院出台的《关于加快发展现代职业教育的决定》中同样强调了学生实习责任保险制度。实习中的中职学生多在生产一线工作，提前为学生做好实训安全常识的普及和培训就成了学校为学生做好实习安全教育的重要工作之一。

二、实习生的权利和义务

中职学生在学业生涯最后一年进行顶岗实习的规定在我国已经实施多年，但是在实践中仍存在着诸多法律问题，其中最为突出的是有的学生不清楚自己在实习协议中的权利。面对实习过程中可能出现的安全隐患，学生应树立起维护自身权益的意识，明确自己在实习中所享有的权利和应尽的义务。

1. 顶岗实习学生是特殊劳动者身份

中职学生到企业进行顶岗实习，由于其尚未完成学业且没有取得毕业证书，因此，学生的实习活动也异于劳动法所称的“劳动”；再者，由于实习学生并没有与实习单位签订劳动合同，没有法律意义上的劳动关系，因此，顶岗实习学生的身份不同于企业内的普通劳动者。但由于顶岗实习学生实际上处于实习单位的控制管理之下，所以应将实习学生视为特殊劳动者，享有劳动法所规定的劳动者享有的相关权利，同时，实习学生也应当承担相应的义务。

2. 职校学生未满 16 周岁不能参与实习

我国劳动法规定，禁止用人单位招用未满 16 周岁的未成年人。到实习单位参加实习活动的中职学生需要满足劳动法所规定的这一年龄条件。因此，年龄未满 16 周岁的学生不能被安排到企业参与顶岗实习。

3. 实习生可申请购买意外保险

为了保证自己在实习期间发生安全事故后有保障，学生可向学校或实习单位申请购买意外伤害保险。

《中等职业学校学生顶岗实习管理办法》规定：学校和实习单位要为实习学生购买意外伤害保险等相关保险，具体事宜由学校和实习单位协商处理。根据这一规定以及按照《关于在中等职业学校推行学生实习责任保险的通知》，如果学校和实习单位已为实习学生购买了意外伤害保险，当学生遇到意外伤害时，可根据学校的实际情况向老师咨询购买意外保险，以确保自己实习中的安全。

如果没有购买意外伤害保险，发生意外事故的学生可以依据《学生伤害事故处理办法》和《最高人民法院关于审理人身损害赔偿案件适用法律若干问题的解释》等法律法规向实习单位提出赔偿要求。

4. 学生有接受校企教育、遵规守纪的义务

由于学生认识不足，在实习过程中会出现一些违纪违规的行为。对于一般违纪行为，实习单位、学校或带队老师可以共同进行教育。作为学生，有义务接受校企的共同教育，在实习期间做到遵规守纪。如果多次教育无效，实习单位有权将其退回学校，学校可根据学生的违纪情况依据事实和程序进行处理。如果学生的违纪行为已触犯国家法律，并造成严重后果，则应当交由相关部门处理。

安全小故事

职校学生实习期车祸身亡，肇事者无力承担赔偿

刘某是海口市一所职业技术学校学生。2014 年 6 月，刘某开始在一家酒店顶岗实

习。2015 年 2 月 2 日，他乘坐同事的摩托车前往公司上班途中，与一辆轻型普通货车发生交通事故，受伤严重的刘某经送医抢救无效死亡，摩托车驾驶员也受重伤。

事故发生后，交警对事故进行了责任认定，货车司机由于从后方追尾摩托车，承担 70%的责任，而摩托车驾驶员由于无证驾驶，承担 30%的责任。

这场突发的事故夺走了刘某的生命，中年丧子的父母遭受了人生中最大的打击。悲痛之余，刘某的父母和肇事方就赔偿问题多次协商未果。据了解，肇事司机家庭与刘某家庭一样经济困难，只能拿出 3 万元进行赔偿，无法支付更多赔偿款。而肇事司机所在公司也只同意赔偿 9 万元。刘某的家人不接受 12 万元的赔偿，经交警部门协调未果，最后只能通过法院进行诉讼。2015 年 8 月 7 日，法院最终的调解结果为：肇事方赔偿刘某家属 18 万元，其中包括前期赔偿的 12 万元。

除肇事方赔偿的 18 万元外，刘某的家人还获得了 32 万元赔偿，这部分赔偿来自刘某所在职校购买的“实习责任险”。

提升训练

顶岗实习是同学们毕业之前的必经之路，如何安全地顶岗实习呢？请同学们结合本节学习谈谈自己的认识。

安全小贴士

维护交通安全　关爱生命久远

据统计，近百年来，全世界死于车祸的人数已达4 000多万人，并且现在每年仍以超过40万人的速度递增；新中国成立以来，我国仅道路交通事故就已发生了500多万起，死亡人数多达100余万人，青年学生占到10%～20%，直接经济损失高达100多亿元！这是多么可怕而又巨大的现实数字，这是多么令人痛心而又十分震惊的惨重代价！这些受害者的鲜血，这些无辜者的生命，这些惨重的代价，对我们每一个同学、每一个人、每一个家庭、每一所学校、每一个单位、每一个行业、每一个部门乃至全社会和全世界，都敲响了警钟——“交通安全，人人有责；从我做起，身体力行！”

第一节　交通安全大于天，步行安全记心间

步行是最基本的出行方式，在当前复杂的道路交通环境下，中职生更要懂得步行出行的交通规则和要求，为此，我们将步行安全放在第一节。通过本节知识的学习，使中职生能够意识到步行时遵守交通规则的重要性，为了自己，为了他人，我们在出行时一定要遵守交通规则，对自己和他人的生命负责。

案例分享

【案例 1】

乱穿马路手骨折

2001 年 7 月 3 日下午 5 时 30 分，广东省某中学李某由于没有在人行横道上按照交通规则要求行走而乱穿马路，结果被一辆急速行驶的摩托车撞倒，致使其右手骨折、膝盖流血、面部创伤。

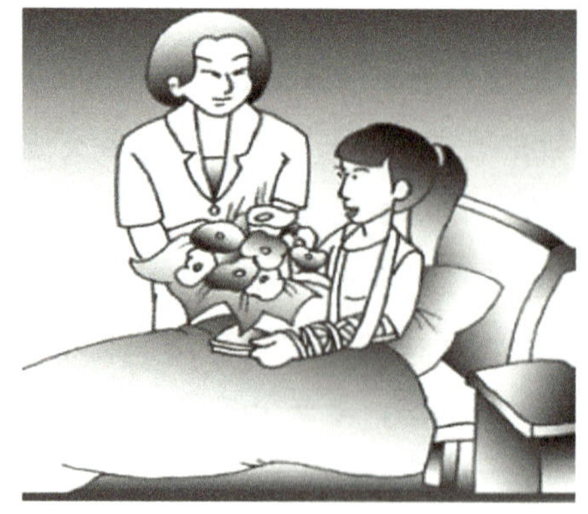

【案例 2】

跨越护栏危害大

2011 年 6 月 15 日，湖北省某市一名中学生王某在下午放学回家的路上，因走过街天桥要多走一段路嫌麻烦而直接迈过人行道护栏到对面马路，当他的脚落地的一刹那，一辆疾驰而来的小轿车撞上他，导致其整个人被撞飞出去，当场死亡。

案例反思

案例中的学生都是由于不遵守交通规则而导致发生交通事故。

随着社会的发展与进步，旅客车、货车特别是机动车拥有量的扩大，道路交通事故日益增多，现如今已成为和平时期严重威胁人类生命财产安全的社会问题。中职学生交通事故为何会经常发生呢？除了驾驶员及道路因素之外，这与学生自身生理、心理和安全意识是分不开的，我们应当特别注意学生自身违反交通规则所造成的伤亡比例。从生理上来讲，青春期处于人的生长发育的重要时期，各项机能发育尚未完善，易受情绪控制，缺乏遇险处理经验；从心理上来讲，青少年精力旺盛、好玩好动，喜欢追逐打闹；从自身的安全意识上来讲，学生交通安全意识淡薄，走路精力不集中，缺乏耐性，三五成群、结伴骑行现象频繁，无视车辆往来情况等。

安全讲堂

交通安全是指在道路上安全地行车、走路、乘坐公共交通工具，按照交通法规的规定，避免发生人身伤亡。

一、交通信号

交通信号灯是道路交通的基本语言，通过时间和空间分离来调节不同方向交通流的通行权，可以加强道路交通管理，提高道路使用效率，给交通安全提供重要的保障。

交通信号灯分为两种：一种是车辆交通指挥灯，用于指挥车辆的红、绿、黄三色信号灯，设置在道路交叉路口明显的地方；另一种是人行横道信号灯，用于指挥行人横过马路时的红、绿两色信号灯，设置在人行横道的两端。

1. 车辆交通指挥灯

红灯亮时，不允许车辆、行人通行；绿灯亮时，允许车辆、行人通行，但转弯车辆须在不妨碍直行车辆和确保被放行的行人安全下通行；黄灯亮时，不允许车辆、行人通行，但已经越过规定停止线的车辆和已进入人行横道的行人，在确保安全的原则下可以继续通行。右转弯的车辆和 T 形路口右边无横道的直行车辆，在不妨碍被放行的车辆和行人通行的情况下可以通行。

2. 人行横道信号灯

红灯亮时，不允许行人进入人行横道；绿灯亮时，允许行人通过人行横道；绿灯闪烁时，不允许行人进入人行横道，但已进入人行横道的行人，在确保安全的原则下可以继续通行。

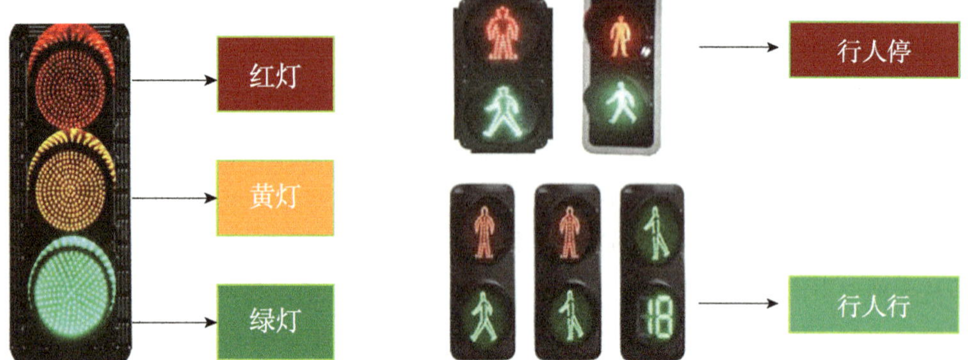

二、手势信号

直行信号：手臂和手都伸直，表示左右方向可以直行和右转弯，前后方向禁止直行。

直行辅助：左右臂向各自方向平伸，手掌向前，向左摆动，指挥右方直行的车辆快速通行。

停止信号：左手向前上方高举，掌心向前，表示前方车辆禁止通行。

转弯：手臂向前平伸指向转弯方向，掌心向前，此时正前方车辆禁止通行。

责令违章车停车：谨记右手停车是责令停车，那么左手停车就是左转弯待转。

减速慢行：右臂向右前方平伸，掌心向下，平直向下摆动，表示车辆应当减速慢行。

前车避让后车：左臂向前平伸，手掌向左摆动；右臂向前屈臂，手掌向后摆动，表示前方车辆应当向右避让，后方车辆通行。

三、行走时要注意的安全事项

学生每天上学、放学及节假日外出活动，几乎都要在道路上行走，而走路时的安全问题显得尤为重要。有不少行人，因为一时存在侥幸心理或没有掌握行走时的安全要领，而丧命于交通事故。那么，在行走时要注意哪些安全事项呢？让我们一起来学习。

1. 走路时的安全注意事项

（1）在道路上行走必须遵守交通规则，走人行横道，在没有人行横道的情况下，要自觉靠右侧行走。

（2）没有人行横道的路段，更要提高警惕，遵守交通规则，在确保安全的情况下直行通过，不要拐弯穿行。

（3）在道路上行走，不要追逐、奔跑、打闹，不要看书、看报、聊天、玩手机、想问题等。行走中自己撞上车子、踩到异物摔倒、掉进沟里的事情时有发生，所以我们要精力集中行走，避免交通隐患。

（4）不要在马路上放风筝、踢球、跳皮筋、玩耍、捕捉昆虫等，这样既扰乱交通秩序，又十分危险。

（5）结伴外出时，不要去人员稀少且道路状况复杂的路段，不要三五成群并排而行。

（6）集体外出时，遵守组织纪律，列队有秩序地行走，如遇拥挤要主动退让，不要不闹，听从指挥，做到专心致志不掉队，避免意外事故发生。

（7）不能进入有禁止行人通行、高架道路、高速公路、交通管制区、危险等禁止行人进入的道路标志地带，学会保护自己。

（8）上学、放学途经山间小路时应尽量结伴而行，不做危险活动，避免意外伤害。

（9）不在机动车驾驶员盲区玩耍，道路上不扒车、追车、强拦车和抛物击车。

（10）不要在道路上穿暴走鞋、飞轮鞋、旱冰鞋、玩滑板、滑滚轴、溜冰等。

（11）雷雨天不要在马路上蹚水、打水仗。撑伞时选择颜色鲜艳的，不要遮挡视线，不要只顾躲雨不看车。

（12）雾天时，应增强判断力，穿鲜艳的衣服才能使机动车司机很快注意到，提前采取安全措施。

（13）雪天不要在马路上滑雪、滑冰、打雪仗。应小心慢行，防止滑倒摔伤，不在路上逗留时间过长。

（14）遇到风沙天气时，不要只顾躲避风沙，还应注意看道路与往来车辆情况。

2. 横穿马路时的安全注意事项

（1）穿越马路，要走人行横道线，认真观察路况，在没有往来车辆、确保安全的情况下快速通过。

（2）在没有人行横道的路段，千万不要突然横穿马路，应先左顾后右盼，在确认没有机动车通行时才可以安全穿越马路。

（3）穿越马路，要听从交通民警的指挥，遵守手势信号，不可迂回穿行，确认安全后，方可通行。

（4）在没有交通民警指挥的路段，要学会避让机动车辆，车辆临近时不横穿，不与机动车辆争道抢行。

（5）遵守交通信号灯的指示，红灯停、绿灯行、黄灯亮了等一等。如遇到自助信号灯，按下开关耐心等待，当绿灯亮时，机动车停止行驶，方可安全快速通行。

（6）如果遇到过街天桥、地下通道的路段，不要嫌费时麻烦，应自觉走过街天桥和地下通道。

（7）道路中间的防护栏、隔离带，都在时时刻刻保证出行安全，切勿爬越与损坏。

（8）即便是过了上下班高峰期，车辆稀少也不要放松警惕，因为路上人车少，思想麻痹会害了自己。

安全小故事

心中若无交通法，路中则有后悔迟

河北省某职业中专的校门口便是红绿灯。那是一个炎热的夏天，正值中午，天气闷热得让人喘不过气，一群刚刚放学的学生聚集在路口等待信号灯。这时，刚下体育课满头大汗、口干舌燥的王某、李某、张某等同学，忽然听见对面冷饮店传来的广告声兴奋起来，王某无视红灯，拉起李某边说“快点儿，渴着呢!”边大步朝冷饮店走去。张某在其身后大声喊：“现在是红灯，等等再过去，快回来，危险!”王某刚好走到马路中间回头喊着：“渴死了，管他红灯绿灯呢。”话音刚落，只见一辆小轿车疾驰而来，在刺耳的刹车声和路人的惊呼声中，一个正值青春年华的美好生命如同秋天的落叶一般悄然滑落，一瞬间空气凝固静止了。王某安静地躺在地面上，眼角落下悔恨的泪水，可惜生命只有一次，时间不能重来。鲜血迅速从王某的身下向四周蔓延，吓得脸色苍白的张某看着躺在血泊中的王某，一边哭，一边喊着：“救命啊，快帮忙叫救护车”。有的人说：“你看看这个孩子被撞了，多惨啊!”有的人说：“后面孩子直喊他别闯红灯，他以为没事没有听同伴的劝说，一时大意啊!”这样一个毫无预料的惨剧发生了，一个鲜活的生命失去了颜色，路人纷纷摇头叹息，感叹一定要遵守交通规则。

小白兔的一意孤行

一天，森林动物学校的教室里，山羊老师正在讲“交通安全”，小动物们认真地听着，只有小白兔不耐烦地小声说：“整天唠叨交通安全，都快烦死了，这些话讲给小乌龟听吧，我才不怕呢。”下课铃声响了，小白兔“噌”地跳出教室，嘴里还不停地说：“我才不和你们一起走呢，像乌龟爬的一样慢吞吞地。”小白兔边说边跑远了。马路上车来车往，黑猫交警站在马路中间认真地指挥交通，小白兔趁他转身的时候，飞快地跑向马路。这时，一辆卡车飞驰而来，差点儿撞到小白兔。黑猫交警生气地说：“过马路要走斑马线，横穿马路多危险。”小白兔却得意地说：“没事儿，我跑得快。”又过几天，小白兔没来上课，大家都不知道发生了什么事儿，正在着急的时候，动物医院的大象医生打来电话说：小白兔横穿马路时被车撞伤住进了医院。当山羊老师和同学们赶到医院时，看见小白兔正趴在床上伤心地哭呢，他后悔没听老师的话，一意孤行乱穿马路，结果被车撞伤了。山羊老师望着双腿缠着绷带的小白兔语重心长地说：“要保障生命安全，就要遵守交通规则，记住这次教训吧!”小白兔使劲儿点了点头。伤好出院后，小白兔再也不乱穿马路了，他还把自己的经历告诉小伙伴，告诉他们要遵守交通规则，不要乱穿马路。

提升训练

1. 你掌握交通信号和手势信号了吗?
2. 你对路上行走的交通安全了解吗?
3. 仔细看题思考，做出正确选择。

（1）在马路上行走要注意交通安全，下列哪种行为具有安全隐患？（　　）

A. 不跨越、攀登道路上的隔离护栏

B. 不超过两个人的情况下列横队通行

C. 横过道路时，注意左右观望，快速通过，不斜穿猛跑

D. 在道路上行走须走人行横道

（2）凡在道路上通行的车辆驾驶人、行人、乘车人以及在道路上进行与交通有关活动的人员（　　）。

A. 都必须遵守《中华人民共和国道路交通安全法》

B. 有时可以不遵守《中华人民共和国道路交通安全法》

C. 只有车辆必须遵守《中华人民共和国道路交通安全法》

参考答案：B　A

安全小贴士

斑马线不是起跑线，这里不需要争分夺秒！

第二节　争做文明好公民，骑车守规铭记心

为了节省时间，现在越来越多的人用摩托车、电动车代替步行。动力车作为一种人力驱动、人力操纵和控制的交通工具，它的快慢、停走、转向灯状况完全由人来调节和控制。为了确保安全，我们应先了解安全常识，保障平安出行。

案例分享

【案例 1】

哼歌骑车太危险

2001 年 6 月 27 日，河北省某职业中专学生孙某在道路上骑自行车，由于戴着耳机一边哼着歌曲，一边撒把将手放进裤子口袋，在注意力分散的情况下，路过一交叉路口处与一辆出租车相撞，致使孙某右臂骨折、左腿扭伤、面部流血。

【案例 2】

骑车闯红灯，理该受处罚

2004 年 6 月 6 日早上 7 时，湖南省某市工业学校男生徐某骑电动车故意闯红灯，徐某的电动车被交警扣留，并且罚其在该路口执勤一上午，然后才放行。

案例反思

根据《中华人民共和国道路交通安全法实施条例》，未满 12 周岁的儿童，不准在道路上骑自行车、三轮车；未满 16 周岁的未成年人骑电动车上路是一种违法行为，引发交通事故要承担责任。中学生不遵守交通规则，乱闯交通信号灯、横穿斜穿马路、并排骑车、逆向骑车、骑车带人的现象时有发生，在机动车道上拐弯骑车以及骑车听音乐、拨打手机等各种交通违规行为十分危险。此外，还要注意，在雷雨、台风、下雪或积雪未化、道路结冰的恶劣天气等情况下，小心行车。

安全讲堂

根据医学、生理学和心理学的研究表明，一个人的发育期通常要满十二、十三岁，因此，交通规则从保障少年儿童的安全出发，规定十二周岁以下儿童不准骑车。中职学生在道路上骑行时要做到“文明骑行，构筑和谐”。

一、骑车时的安全注意事项

1. 骑自行车时的安全注意事项

（1）根据《中华人民共和国道路交通安全法实施条例》，驾驶自行车、三轮车必须年满 12 周岁。

（2）年满 12 周岁的学生如果有骑自行车的必要，须经过家长的同意才能骑车上路。

（3）要注意定期保养、检修自行车，保证车闸、车铃的灵敏及车况的状态良好。

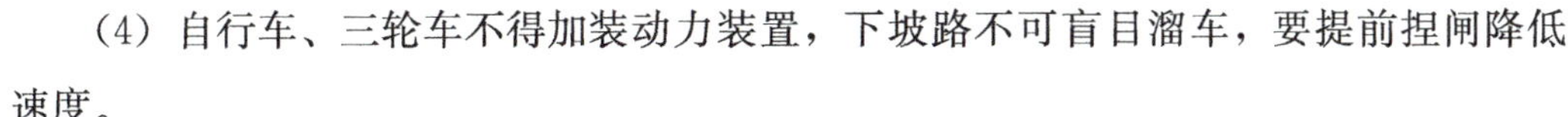

（4）自行车、三轮车不得加装动力装置，下坡路不可盲目溜车，要提前捏闸降低速度。

（5）要选择尺寸适合自己的自行车，不要骑儿童车、玩具车、独轮自行车。

（6）不要在道路上练习骑自行车，不要单手骑车、打伞骑车或者 2 人以上骑行一辆自行车。

（7）骑自行车时不要双手离把或者手中持物，不要攀扶其他车辆，不要牵引车辆或被其他车辆牵引。

（8）不要骑自行车带人或多人并排骑自行车，不要互相攀扶、追逐、打闹等。

(9) 骑自行车时不要在手把上挂东西，车座不载过重的物品，骑车时精力集中，不打手机，不戴耳机听音乐、广播等，以免听不到汽车鸣笛。

(10) 骑自行车时不准逆行或在快车道上行驶，要在非机动车道上靠右侧行驶。

(11) 骑自行车经过交叉路口时，要注意来往的行人、车辆，减速慢行。遇到老弱病残者动作迟缓，要给予谅解，主动礼让。

(12) 骑自行车时不得抢行猛拐，转弯前须看清四周情况，减速慢行并伸手示意，确认安全后再转弯。

(13) 骑自行车上路要遵守交通规则，不闯红灯，遇到红灯要停车耐心等候，待绿灯亮后确认安全再继续前行。

(14) 遇到雨、雪、风、沙等恶劣天气时，要注意尽可能避开已上冻的车辙印迹，因为这些地方最易使车打滑摇摆；风沙容易使人看不清路况，发生安全事故，所以尽量推车行走并小心慢行。

2. 骑电动车时的安全注意事项

电动车行驶速度快、出行较方便，成了一些人代步的最佳交通工具。但是对于中职生来说，生理、心理发育尚未完全成熟，自控能力差，相应的交通安全意识薄弱，忽视交通安全规则现象较为严重。中职生骑自行车、电动车发生的交通事故较多，所有中职生及其家长、学校应高度重视。在骑电动车时我们要注意哪些安全事项呢？

(1) 根据《中华人民共和国道路交通安全法实施条

例》，驾驶电动自行车和残疾人机动轮椅车必须年满 16 周岁；非下肢残疾的人不得驾驶残疾人机动轮椅车。未满 16 周岁的公民在道路上骑电动车和残疾人机动轮椅车是一种违法行为，引发交通事故要承担责任。

（2）年满 16 周岁的学生如果有骑电动车和残疾人机动轮椅车的必要，须经过家长的同意后才能骑车上路。

（3）要经常检修电动车，保证车闸、车铃、车灯的灵敏及车况的完好。

（4）电动车速度很快，容易造成安全隐患，骑电动车上路要佩戴头盔，驾驶速度不得超过每小时 15 千米，保持合理速度，确保安全。

（5）不要在道路上练习骑电动车，不要单手骑车、打伞骑车。

（6）骑电动车不要攀扶其他车辆，不要牵引车辆或被其他车辆牵引。

（7）骑电动车不要带人，不要多人并排骑电动车，不要互相追逐、打闹等。

（8）骑电动车时不要在手把上挂东西，车座不载过重的物品，不接打电话，不戴耳机听音乐、广播等。

（9）骑电动车时不准逆行或在快车道上行驶，要在非机动车道上靠右侧行驶。

（10）骑电动车通过交叉路口、铁路道口、急弯路、窄路、窄桥时，要提前减速慢行，注意来往的行人、车辆，待确认安全后再通行。

（11）骑电动车时不得抢行猛拐，转弯时提前减速慢行，开启指示灯，以便于后面的人确认方向，提前做好避让准备。

（12）骑电动车上路要遵守交通规则，不闯红灯，遇到红灯要停车耐心等候，待绿灯亮后确认安全再继续前行。

（13）冬天戴帽子骑电动车，在拐弯时一定要停下车看好后方来车，确认安全再拐弯。

（14）骑电动车时务必要精力集中，敏感判断前方车辆的行驶状况，如有突发情况，提前十米做好刹车或停车的准备。

（15）骑电动车时避让大货车等车辆的盲区，在行驶途中尽量远离大货车。

（16）晚上骑电动车一定要打开夜灯，行驶速度缓慢，避免撞上其他车辆或有突发情况发生时来不及避让。

（17）遇到风、雪、雨、沙等恶劣天气时，下车推行并小心缓慢行走。

3. 骑摩托车时的安全注意事项

（1）按照相关法律规定，摩托车驾照与汽车驾照一样必须年满 18 周岁才能申领。如果未成年人驾驶摩托车，肯定是无证驾驶，属于违法行为！

（2）中职学校严厉禁止学生上下学骑摩托车，一经发现作扣车处理，并马上联系家长。学生驾驶摩托车，一旦发生交通事故，轻则受皮肉之苦，影响学业；重则可能造成伤残甚至更严重的后果，给家庭、社会带来难以估量的损失。

（3）年满 18 周岁并考取摩托车驾驶证的成年人，在驾驶摩托车时需佩戴头盔等安全护具；驾驶摩托车禁止手离车把或者在车把上悬挂物品。

（4）不得醉酒驾驶摩托车，摩托车后座不得乘坐未满 12 周岁的未成年人，轻便摩托车不得载人。摩托车载物，高度从地面起不得超过 1.5 米，长度不得超出车身 0.2 米。两轮摩托车载物宽度左右各不得超出车把 0.15 米；三轮摩托车载物宽度不得超过车身。

（5）中职生尽量避免乘坐货车、拖拉机、摩托车；必须乘坐摩托车时，需佩戴头盔并正向骑坐，确保乘坐安全。

4. 驾驭畜力车时的安全注意事项

（1）根据《中华人民共和国道路交通安全法实施条例》的规定，在道路上驾驭畜力车应当年满 16 周岁。

（2）醉酒驾驭畜力车、并行驾驭畜力车都是非常危险的行为，驾驭者需谨慎。

（3）行经繁华路段、交叉路口、铁路道口、人行横道、急弯路、宽度不足 4 米的窄路或者窄桥、陡坡、隧道或者容易发生危险的路段，不得超车。驾驭两轮畜力车应当下车牵引牲畜，自觉维护交通安全畅通。

禁止畜力车通行

（4）不得使用未经驯服的牲畜驾车，随车幼畜须拴系，不得让其离开视线。

（5）行驶途中，驾驭人不得离开车辆，停放车辆应当拉紧车闸，拴系牲畜。

安全小故事

谨行慢骑，不做风一样的少年

一天下午，某校学生刚刚放学。学生小王和小李遵守学校规章制度推着自行车走出校门口，但过了马路两人便开始并排骑自行车，边骑边说笑着，还时不时将双手离开车把。骑行过程中遇见了好朋友小赵，小赵与二人热情打招呼，又快速坐到了小李的自行车后座上。三个人聊着天一时兴起竟耍闹起来，坐在自行车后座的小赵伸手去抓旁边骑自行车的小王，小王为了不被小赵抓到，加速行驶并在马路上躲躲闪闪、左右摇晃、顽皮耍技，给小赵和小李展示了一招神龙摆尾。结果……一不留神，迎面驶来一辆轿车，惊慌失措的小王为了躲避轿车撞在了小李的自行车上，三人连人带车一起摔进了土坑之中，导致两人骨折、一人昏迷。

遵守交通规则，学会保护自己

一个10岁左右的小男孩儿，坐公共汽车时，一上车就在车上东跑西窜，还不时地把头伸出窗外，司机多次提醒他，他都不听。汽车转弯时，男孩被甩出窗外，在送往医院的途中不幸身亡。这个故事让我联想到现在许多中学生为了省时方便，搭乘摩托车或者电动车、自行车上学或放学。有的一个摩托车坐三四个学生，有的不按交通规则行驶，有的坐摩托的学生在坐车时不老实，引起了多起事故。因此我们要认真学习交通安全知识，懂得交通规则，自觉遵守交通规则，保护自己的人身安全。

提升训练

1.《中华人民共和国道路交通安全法实施条例》规定，驾驶自行车、三轮车、电动自行车和残疾人机动轮椅车、摩托车、畜力车的年龄限制是多少岁？

2. 骑车的安全注意事项掌握了吗？

3. 仔细看题思考，做出正确选择。

(1) 根据《中华人民共和国道路交通安全法实施条例》的规定，未满（　　）的儿童，不准在道路上骑、学自行车。

A. 10周岁　　B. 12周岁　　C. 4周岁　　D. 11周岁

(2) 在道路上骑电动自行车必须年满（　　）。

A. 14周岁　　B. 16周岁　　C. 18周岁　　D. 20周岁

参考答案：B　B

安全小贴士

生命不是游戏，不可能在失去后重新来过。

第三节　乘车谨慎莫大意，安全事项要牢记

维护公共交通安全是每个人应该具备的社会公德。公共交通安全不仅关系自己的生命和安全，同时也是尊重他人生命的体现，是构筑和谐社会的重要因素。因此，对学生进行公共交通安全教育刻不容缓。本节介绍乘坐交通工具的注意事项，以增强交通安全意识，提高自我保护能力。

案例分享

【案例 1】

中巴超载落水库，32 名师生死亡

2005 年 5 月 5 日上午，四川省某学校 2 名教师护送 43 名学生乘个体户的中巴车前往某地参观学习。由于严重超载，该车翻入落差为 50 多米的水库中，导致 32 人死亡。其中，有 31 名学生和 1 名教师。

【案例 2】

某年 11 月 24 日上午 9 点多，深圳市某学校附近发生一起大货车与套牌小型轿车相

撞事故，当天上午10时许，记者赶往现场，看到一辆满载泥沙的大货车翻倒并将小型轿车压在车下，导致车里坐着的乘客两死一伤，死者均为学生，伤者系其中一名学生的母亲。

案例反思

中职生在节假日出行都要乘坐各种长途或短途的交通工具。全国各地职业院校学生因乘坐交通工具发生交通事故的情况屡见不鲜，司机疲劳驾驶、无视交通管制规定和执法人员警告、套用车牌、超载拒载、交通安全意识淡薄、无拘无束野蛮驾驶，都会带来严重的后果，有时甚至会造成群体性伤亡，教训十分惨重。

安全讲堂

我们日常出行，会选择各种交通工具，应该怎样注意交通安全呢？如何做才能确保自己更加安全呢？以下注意事项要牢记。

一、乘坐公共交通工具时的安全注意事项

1. 乘坐公共汽车时的安全注意事项

（1）到达公共汽车站点先看旁边指示牌和行车方向，确定路程目的地；上车前看清公共汽车是哪一路，因为公共汽车停靠站，往往是几路公共汽车同一个站台，慌忙上车，容易乘错车。

（2）看清公共汽车上是否有“快速车”，一般小站点不停靠，会有针对性地停靠站点，可以给着急的人节省时间，但是价格较普通公共汽车要高一些。

（3）上车之前检查口袋是否准备了硬币或是手机 App 乘车系统是否有充足金额，提前做好准备，以免公共汽车到站手忙脚乱、无法乘车。上车后应主动购票或出示月票；乘坐无人售票车时，应将事先准备好的钱币自觉投入箱内，或主动刷公交卡、刷二维码。

（4）若有他人请你帮忙换零钱或是手机转账时，要小心翼翼、多加提防；如果你和同学、朋友、家人一起乘坐公共汽车，建议每人手中都准备零钱或公交卡，各自投币、刷卡为好。

（5）禁止携带汽油、爆竹等易燃易爆的危险物品进入车内。易燃易爆物品容易在挤压、碰撞或车辆震动过程中引起燃烧或爆炸，严重危及乘客的生命安全。

（6）乘坐公共汽车，前门上车，后门下车，要遵守规矩。当你看到前门有许多人拥挤时，千万别自作聪明地跑到后门去上车，这样的行为违反了乘车规定，驾驶员有权要求你下车并重新去前门排队上车。

（7）文明乘车，相互谦让。有序排队候车，按先后顺序上车，不要争先恐后拥挤在车门口，防止扒窃分子乘机作案或拥挤发生危险。

（8）注意安全，抓好扶手。乘车时要坐稳扶好，往车里边走，不要挤在车门边。没有座位时，找空处站稳，要双脚自然分开、侧向站立，手应握紧扶手，够不到车扶手的话，就抓紧车座靠背，以免车辆起步、紧急刹车、加减速时摔伤。

（9）坐在座位上时，双手扶住前排座位上的椅背，以免车辆刹车时人体向前倾斜，头和脸碰撞前排椅背，对身体造成伤害。

（10）乘车时头、手、身体不能伸向窗外，不朝车窗外乱扔杂物，以免被对面来车或路边树木等刮伤；要爱护车厢内卫生，做到不吸烟、不随地吐痰、不乱扔果皮和纸屑；随身携带机器零件或鱼肉等的乘客，应将所带物品包好，以免弄脏其他乘客的衣服、鞋子。

（11）在车辆行驶过程中，做到不与驾驶员闲谈、不实施妨害驾驶员安全操作的行为。到站前，提前向车门移动，下车时要按次序下，注意扶老携幼。

（12）上下车时应等车停稳以后，先下后上，不要争抢。上车时将书包置于胸前，并将书包拉链拉好，以免书包被挤掉或被车门轧住。对故意碰撞你的人或两三个紧贴你的人尤其要加倍小心，以防失窃或刮碰到他人而引起不必要的纷争。

（13）乘坐公交汽车时，应避免携带贵重物品，如衣服口袋、时装袋、手提袋内不要放置贵重物品。钱包、皮夹不要放在暴露在外的裤子后口袋或西服下面的口袋以及衬衫口袋内；携带数量较多现金乘车时，最好不要在公众面前暴露，以免引起扒手注意，尾随作案。

（14）乘车时一旦发现钱物被窃，切勿鲁莽乱叫，应一面注意身边乘客，一面通知售票员紧闭车门，并尽可能及时报警。乘客发现车扒行为，要敢于揭发，并积极配合公交车售票人员抓获罪犯，将其绳之以法。

（15）乘车时不要看书、写字、织毛衣、打游戏，否则会损害眼睛，如遇到突发事件紧急刹车还会来不及避让而造成人身伤害。

（16）车厢内禁止嬉笑、打闹、打瞌睡、看手机，应随时注意车辆行驶进程，做好下车准备，避免坐过站点；下车后应注意观察道路来往的车辆情况。

（17）乘车要尊老爱幼，讲礼貌，主动给老人、病人、残疾人、孕妇和带小孩的乘客让座；当他人给自己让座时，要立即表示感谢。

（18）乘车着装应得体。公交车是公共场合，尽管没有严格的着装要求，但作为中职学生，在着装方面应该注意，上下身衣着应相对整齐，尤其是夏天，可以穿着宽松透气，但是不要穿吊带、蕾丝、短裤等薄透短的衣服。

（19）如果你乘车有晕车的经历，建议提前吃晕车药，做好防范措施。上车后，尽量往车后排座，将窗户打开小缝隙，对流通风。

（20）下雨天乘车，上车后应把雨具折叠放好，避免弄湿其他乘客的衣服、鞋子，也避免弄湿座椅。

2. 乘坐出租车时的安全注意事项

（1）安全拦截出租车。不要在机动车道上、十字路口处和有禁停标志的路段拦乘出租车，同时注意要同方向拦截，在路边伸手示意即可；一般不要乘坐停放在车站、码头门前等客的出租车，也不要乘坐车上已经载人的出租车。

（2）乘坐正规出租车。要乘坐标示齐全的、有合法经营资格的出租车；选择车况好、服务较好的出租车，最好选择带有“优质服务”等标志的出租车；非正规的出租车没有正规发票，司机可能连驾照都没有，存在各种潜在的安全问题。

（3）仔细观察再坐车。要在靠人行道的一边等车辆停稳后上下车；打开车门前应先观察附近有没有车辆和行人以确保安全。乘车前目测司机的好坏，若对司机印象不好，则最好不要乘坐。

（4）记住车辆信息。在上车前，可利用手机拍照的方式记下车牌号，还要记住出租车的车型、颜色与出租公司名称和监督电话，以及驾驶员的大致年龄、五官相貌和衣着特征等主要标志，以便发生问题及时投诉或报警。

（5）确保安全坐后面。为了安全，尽量不要坐副驾驶位置，尤其是女士，最好坐在车的后面。副驾驶只有一侧可以下车，假如遇到特殊的情况，坐到后排起码多一个下车的机会，而且司机也不容易靠近你；如果喜欢坐副驾驶位置，则要系好安全带。

（6）准确掌握行驶方向。上车后要让司机开启计程表，并按自己选择的路线行车。当你发现司机走的路线和你说的不一样时，应准确告知；若感觉氛围不对，可能暗藏着风险，要想办法趁机下车。

（7）行驶途中守规则。行驶途中，除与驾驶员有必要的沟通外，不要与其闲聊，避免分散驾驶员注意力；不得将身体任何部位伸出车外，不得跳车，以免发生安全事故。

（8）危险物品不携带。随身物品不能超载，更不能携带易燃、易爆、有毒等危险品乘车。不能要求出租车超员；不要催促驾驶员超速行驶，不要求驾驶员紧急停车和掉头，特别是雨、雪、雾、风、沙等恶劣天气，低等级行驶路段和夜间更要注意安全。

（9）晚上乘坐出租车要当心安全。晚上乘坐出租车要把相关信息通知家人、朋友，上车前查看车辆相关信息，上车前后，要及时将坐车时间、地点、车牌号等信息告诉家人、朋友，以防万一。

（10）不要向司机透露自己的信息。有些司机看着你是学生会主动召唤你上车，上车后可能会问你一些个人隐私信息，如住哪、干什么的等，这时候千万不要透露给他，一定要看清状况，实在不行就下车。

（11）确保安全再下车。下车时要等车辆停稳，观察车辆右侧有无行人和其他车辆，确认无误方可开右门下车，同时检查随身携带物品，既要把发票拿好，又要把自己的钱包、贵重物品和行李物品等带好，千万不要遗忘在出租车上，以免造成不必要的麻烦和损失。

3. 乘坐私家车时的安全注意事项

（1）私家小型轿车要定期进行检查、保养、加油，以确保各零件的正常使用及行驶安全；一般规定核载 5 人，不得超载。

（2）不乘坐违法车辆。乘坐小轿车、微型客车，在前排乘坐时应系好安全带，不乘坐饮酒司机驾驶的车辆；不乘坐非法营运车辆、超员车辆、带病车辆、无牌照车辆以及有其他违法行为的车辆。

（3）中职生在和家人一起坐车出行时需提醒家长，上车时将车门、后车厢关好后再行车；不得在机动车驾驶室的前后窗范围内悬挂、放置妨碍驾驶人视线的物品；在开车时禁止有拨打、接听电话等妨碍安全驾驶的行为。

（4）行驶途中，除与驾驶员有必要的沟通外，不要与其闲聊，避免分散驾驶员注意力；不得在车上打闹、玩耍、随意挪动位置；不得将身体任何部位伸出车外；不得向道路上抛撒物品；不得跳车等以免发生安全事故。

（5）在非紧急情况下，不准在应急车道行驶或者停车；不准在匝道、加速车道或者减速车道上超车；不准骑、轧车行道分界线或者在路肩上行驶；不得连续驾驶机动车超过4小时未停车休息或者停车休息时间少于20分钟；不得在禁止鸣笛的区域或者路段鸣笛。

（6）下车时要等车辆停稳，观察车辆两侧有无行人和其他车辆，确认后方可开门下车，带好自己的随身物品；不要将书包、钱包等贵重物品留在车内，以防盗贼作案。

4. 乘坐客车、地铁、火车时的安全注意事项

（1）外出乘车不要乘坐低速载货汽车和三轮汽车、拖拉机、黑摩的等非客运车辆，不要乘坐超员车辆，预防和减少各种安全事故的发生。

（2）公路载客汽车不得超过核定的载客人数，但按照规定免票的儿童除外，在载客人数已满的情况下，按照规定免票的儿童不得超过核定载客人数的10%；载客汽车除车身外部的行李架和内置的行李箱外，不得载货。载客汽车行李架载货，从车顶起高度不得超过0.5米，从地面起高度不得超过4米。

（3）载货汽车车厢不得载客。在城市道路上，货运机动车在留有安全位置的情况下，

车厢内可以附载临时作业人员 1 人至 5 人；载物高度超过车厢栏板时，货物上不得载人。

（4）乘车、包车一定要到正规车站售票窗口进行购票、包车乘坐，以防上当受骗；乘坐大巴汽车或火车时，注意乘车时间和地点，上车后需要对号入座，看清自己的座位车次。

（5）乘坐汽车、火车时要坐稳扶好，身体任何部位不要伸向车外，不高声喧哗、追逐打闹，不向外抛投物品；勿将手提电脑等贵重物品放置在行李架上，中途停车注意照看好自己的行李，去卫生间时将贵重物品随身携带，警惕频翻行李的人，时刻注意周围的一些可疑活动。

（6）乘坐地铁前，先了解换乘路线；在进地铁站前，要记得放包安检，养成良好习惯；在乘地铁时，要会看指示牌，确认列车的行驶方向及站点；在候车区等车时，要站在安全门口两侧；上车切勿拥挤，养成排队上车的好习惯。

进入站台候车时，请尽量往站台两端候车，选择较少人候车区域乘车更舒适。勿拥挤，留出通道，方便有需要的乘客。

（7）乘坐火车时，不要在车门或车厢连接处逗留，容易发生夹伤、扭伤、卡伤等安全事故；乘坐卧铺列车，睡上、中铺时要注意做好安全防护设施，防止掉下摔伤。

（8）乘车时，不要将自己的手机借给他人使用或翻看；不要透露自己的隐私，包括家庭住址、学校、单位、姓名、电话等。

（9）尊老爱幼是中华民族的传统美德，在乘车时，要牢记这一传统美德，给老、弱、病、残、孕和带小孩儿的乘客让座。

5. 乘坐轮船时的安全注意事项

（1）不坐缺乏救护设施、无牌和无证经营的小船；不乘坐客船、客渡船以外的船舶；不乘坐超载船舶或人货混装的船舶；不乘坐冒险航行的船舶；主动配合工作人员做好危险物品检查工作。

(2) 凭票乘船。上船前到指定地点购票，耐心等待船靠稳后，工作人员安置好跳板再上下船；上船后要听从工作人员的安排，并根据指示牌寻找自己的座位；不拥挤、不随意攀爬船杆、不跨越船档，以免发生意外落水事故。

(3) 客船行驶中，不要在船上嬉闹，也不要站在甲板边缘向下看，以防晕眩或失足落水；摄影时，不要紧靠船边；观景时切莫一窝蜂地涌向船的一侧，以防引起船体倾斜，发生意外。

(4) 客舱内严禁卧床吸烟、违章用火、过量饮酒。一旦发生意外事故，旅客应按工作人员的指示穿好船上配备的救生衣，不要慌张，以免影响客船的稳定性和抗风浪能力。

(5) 如遇大雾、大风、大浪等恶劣天气，应尽量避免乘船；若在航行途中遇到因各种原因而临时停泊时，要静心等待，切勿要求船员冒险开航，以免发生事故。

(6) 集体乘船注意事项。听从老师指挥；上下船要按顺序排队，不得打闹、走动；要服从船上工作人员安排；自觉维护船上秩序。

(7) 如何有效预防晕船。

• 在乘船前不要吃太饱，也不要吃多样东西，当然也不要完全空腹，应适量吃些容易消化的食物。

• 要选择颠簸比较轻的中部座位，不要紧张，保持心情平静、舒畅。

• 不要观看船外快速移动的树木、风景等。

• 如果对汽油味敏感，要远离发动机或选择迎风处坐下。

• 穿衣不宜过于保暖，闷热不透气容易头晕、恶心。

• 在乘船前喝 1 小杯加醋的开水，可减轻眩晕、呕吐症状。

6. 乘坐飞机时的安全注意事项

(1) 遵守乘机时间。预订机票并在航空公司指定的时间内购买机票；注意检查航次、班机号、日期是否正确，如有问题应立即去售票处根据情况解决；最好在所乘飞机起飞前 2 小时到达机场办理乘机手续。误机后不必慌张，在飞机起飞后的第二天中午 12 点前到有关部门办理误机确认后可改乘后续航班。

(2) 办理乘机手续的同时办理大件行李托运。下飞机时，万一丢失行李，不要慌张，可找机场行李管理人员或所乘航班的航空公司协助寻找。

（3）配合工作人员安检。在安检之前，自己检查一下所携带的物品，看看是否不经意放进去了不能随身携带的物品，比如：小刀、防卫器、饮料、化妆品等，或大家都知道的危险物品，如易燃易爆、剧毒、管制刀具等。

（4）贵重物品随身携带。必须携带身份证件并存放在安全随身的地方，随身物品可放在头顶上方的行李架上；现金、证券、首饰、古玩等贵重物品不要夹带在托运行李箱内。

（5）上下飞机时有礼貌地向站在机舱口的航空小姐简单打招呼或点头致意；飞机起飞前将座椅椅背调直并系好安全带；关掉手机、电脑等电子产品；飞机起飞和降落时不准去厕所；座位上方有聚光灯和呼叫服务员的按钮，有事可随时呼叫。

（6）乘飞机同乘汽车、火车、轮船一样，旅客不能随意触动飞机上的设备设施，如灭火装置、紧急制动阀、按钮等。有的国家规定无故按动紧急制动装置，要承担刑事责任。

（7）在飞机上，不要妨碍他人；谈话声音不要影响到其他人，切勿大声喧哗；如不小心碰到别的旅客应表示歉意。飞机上备有多种文字的报刊供旅客阅读，但飞机上的一切用品均不能拿走，如：厕所内的卫生用品、座椅背兜内的东西以及小毛毯、小垫子、塑料杯、刀叉等。

（8）在飞机上如果感到闷热可以打开风阀，也可解开或脱掉外衣，但不要脱衬衣、穿背心，这样有失雅观。到达目的地之前，飞机通常广播天气情况，下机时可参照地面温度增减衣服，出发地与目的地温度差距大的时候要特别注意。

（9）晕机者可在起飞前半小时服用茶苯海明。如果严重者呕吐时，一般座椅背兜中备有清洁袋，可以吐在袋内；特殊病症的患者最好不要乘坐飞机，如：严重的心力衰竭、严重的中耳炎、近期患自发性气胸、大纵隔瘤、特大疝气肿、肠梗阻、头部损伤、颅内压增高、颅骨骨折等。

(10) 某些城市的机场有兜售和叫卖各种用品的小商贩，其中混有江湖骗子或小偷，如果到达陌生城市需多加注意，最好不随便购买物品，以免上当受骗。

(11) 如遇天气不好，改乘其他航班，不要慌张，一切由航空公司负责，需要耐心等待。

安全小故事

乘“黑车”自救之神奇的 App

一个周五的下午，刚刚结束期末考试的小松拎着行李来到车站，准备坐车回家。这时，一辆白色的私家车上下来一名中年男子，笑着对小松说：“同学，你要去哪儿啊？坐我的车吧，我给你便宜点。”说着便拿过小松手里的行李往车上放，小松当时也没多想便上了车。在行车过程中司机一直问小松：“你是自己回家吗？家里人知道接你吗？爸妈做什么工作的呀？手机还有电吗？”小松越发觉得哪里不对劲，向车外一看发现这并不是自己往常回家的路，于是和司机说想要中途下车，可司机却百般劝阻，并锁上了车门。这时小松确定自己遇上了“黑车”，马上冷静下来想对策。突然他想到了老师组织大家安装的一个可以在线报警的 App——“公安 110”，于是小松快速拿出手机打开 App，找到直播报警，并将手机摄像头对准“黑车”司机，开始和警方沟通：“警察叔叔，我是××学校的学生×小松，我在×车站乘坐了一辆‘黑车’，车牌号是×××××，司机现在锁了车门不让我下车，我现在发的是手机定位地点。”司机听到小松与警方的对话后非常害怕，迅速靠边停车让小松下了车，并以最快的速度逃跑了。机智勇敢的小松利用现代化信息手段解救了自己，保障了生命安全，最后“黑车”司机被成功抓获，受到了法律制裁。

乘“黑车”自救之机智的小文

河北省某职业学校的学生小文参加同学的生日派对，派对结束时天已漆黑，小文独自一人在马路边等车。由于天黑又很冷，所以小文没有多加思索就上了一辆车。在车上，小文感觉司机的眼睛总在自己身上打量，还时不时露出猥琐的笑，她感觉很不自在，只好看向窗外。离家还有一段距离，手机又没有电，小文心里害怕极了，但表面上却假装很淡定。忽然小文灵机一动，拿起手机放在耳边道：“喂，妈，我正打车行驶到××路，你说一会儿来接我呀，好啊，给您发具体位置啊……”小文拿着手机自顾自地演着。快到家门口，小文迅速下车并大声喊着自己的家人，司机看见小文的家人出来了，一脚油门快速将车开走了。下车后小文腿一软倒在了妈妈怀里。听了小文的坐车经历妈妈也吓坏了，叮嘱道："以后不能贪玩儿这么晚回家了，多危险啊！平时出门打车一定要乘坐标识齐全的、有合法经营资格的出租车。"

提升训练

1. 你以前的交通行为是否真正注意到了安全问题？
2. 在将来的学习、生活和工作中，应当怎样注意交通安全？
3. 下面这些做法对吗？请你判断正误。

(1) 在车上可以随便丢垃圾。(　　)

(2) 上下车要有秩序；上车后要抓牢、扶稳。(　　)

(3) 乘车时头、手等身体部位可以伸出车外。(　　)

(4) 下车时要等车子完全停稳，不要急于下车。(　　)

参考答案：×　√　×　√

安全小贴士

第四节　掌握交通事故常识，提高交通安全意识

现代发达交通虽然给人们带来了无尽的便利，但同时也增加了许多安全隐患。有人曾称交通事故为"现代社会的交通战争"，交通事故像一个隐形的杀手，潜伏在马路上等待着违章违规的人出现。因此，学生应当学会保护自己，要养成文明出行、文明礼让的习惯。

案例分享

【案例 1】

2017 年 1 月 18 日上午，在广东省某市一路段，一名骑着自行车的中职学生在横穿马路时被突如其来的小轿车撞倒。发现撞人后，小轿车司机迅速驾车离开了现场。该名受伤的学生后被好心路人送往本市医院接受治疗，其颧骨和头部擦伤，脚部有挫伤。

【案例 2】

2013 年 2 月 16 日早上 7 点半左右，苏州高新区发生一起车祸。一辆私家小轿车与乘载参加表演活动学生的校车相撞，校车当场失控侧翻。校车上共有 1 名司机、1 名带队教师和 6 名学生。事故发生后，有好心路人第一时间参与了救援，非常庆幸车祸没有造成人员伤亡。警方初步调查发现，出事校车为一辆通过审核的二手车，事故原因可能是校车司机操作不当造成的。

案例反思

交通事故并不是天灾，而是人为致祸。根据《中华人民共和国道路交通安全法》，道路交通事故是指车辆在道路上因过错或者意外造成的人身伤亡或者财产损失的事件。一起伤亡惨重的交通事故，其间充满着各种让人无法想象的变数，谁能预料到下一秒会发生什么呢？在事故发生的一刹那，又如何使身处困境的自己转危为安呢？自救、互救基本常识对减少伤亡起着至关重要的作用，让我们一起来了解一下吧！

安全讲堂

结合日常生活中容易发生的问题，在交通法规、步行安全、骑车安全和坐车安全等方面，帮助学生掌握在不同环境和突发事件中自我保护的技巧，努力提高学生的自我防范能力和危险情况下的自救、互助能力。

一、事故自救常识

（1）骑车不慎要跌倒时，尽量使身体保持平衡；如果无法控制，迅速将车子抛到对侧，人向另一侧跌倒。此时，注意地面是否有硬石头等尖锐东西，保持全身肌肉紧绷，尽可能用身体的大部分面积与地面接触，切勿用单手、单肩或单脚着地。

（2）乘车遇到险情时，首先要镇定，保持清醒的头脑；千万不要大喊大叫、惊慌失措；不可指挥司机，更不能在高车速时跳车；应迅速趴到座椅上，将双手紧紧抓住前排座椅或扶杆、把手等固定物，低下头并利用前排座椅靠背或手臂保护头和面部。车辆在行驶中发生事故时，乘客不要盲目跳车，应在车辆停下后再陆续撤离。

（3）当翻车或坠车已不可避免时，应迅速蹲下身子，紧紧抓住前排座椅的椅脚，尽量使身体固定在两排座椅之间并随车翻转；需要跳车时，应用最大力气猛蹬双脚，增大向外抛出的力量和距离，千万不要顺着翻车的方向跳车，以防跳出后被车辆重压。

（4）当发生撞车事故时，巨大的撞击力常常对人身造成重大伤害，搭乘人员应紧握扶手或靠背，同时双脚稍微弯曲用力向前。在车祸中，如果发现有人的头颅、胸部和腹部受到撞击或挤压，即便仅是隐隐作痛，也要警惕内部或内脏出血，应及时到医院诊治，千万不可掉以轻心，防止内出血突然加剧而导致死亡。

（5）乘车中遇到险情，驾驶人在寻找自救方法的同时，要兼顾车上人员的安全以及货物、财产可能遭受的损失。万一不幸有人被抛出驾驶室或车厢，应迅速抱头并蜷缩成球状就势翻滚，其目的是减小落地时的反作用力，对减轻头部、胸部的损伤起到保护作用，同时尽量远离危险区域。

（6）当车辆发生意外失火时，应破窗脱身并打滚灭火。行车途中车辆突然起火，应设法迅速离开车体，若因车辆碰撞变形、车门无法打开时，可从前后挡风玻璃或车窗处脱身。

（7）当车辆发生意外落水时，先深呼吸再开车门。车辆掉落河里，若水较深时，先不急于打开车门和车窗玻璃，因为这时车门是难以打开的；迅速用力推开车门或玻璃，同时深吸一口气，及时浮出水面。

二、事故互救常识

（1）在事故现场抢救伤员的基本要求是先救命、后治人。对于伤员可根据不同的伤情予以早期处理，让他们采取自认为恰当的体位，耐心地等待救援人员前来处理。

（2）不必急于将受伤者从车上或车下向外拖，应先检查受伤者是否失去知觉、有没有心跳及呼吸、是否大出血、是否有明显的骨折现象；如果受伤者已经昏迷，则先松开其颈、胸、腰部的贴身衣服，将其头转向一侧并清除口鼻中的血液、污物等，以免引起窒息；如果心跳和呼吸都已停止，应当立即进行口对口人工呼吸和胸外心脏按压。如果受伤者在车内无法行动自如及下车时，可设法在避免其二次受伤的情况下将其从车内移出，切记不要拉拽伤者肢体；遇伤者被压于车轮或货物下的情况，应及时设法移动车辆并搬掉货物，采取相应的救护方法。

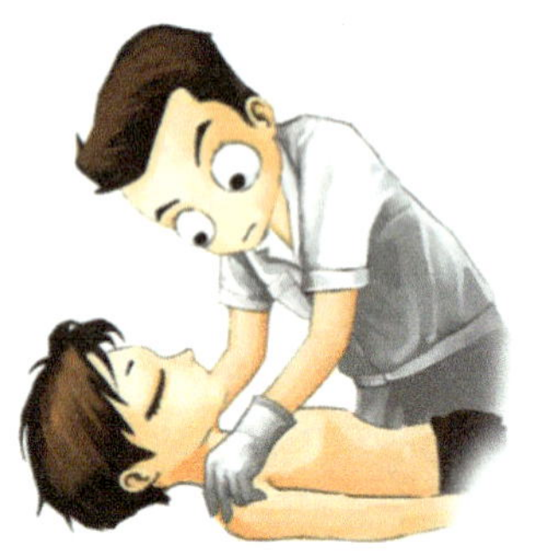
快速判断受伤者是否还有呼吸

（3）遇到重、特大事故有众多伤员需要送往医院救治时，应选择处于昏迷状态的伤员先送往医院，脊椎受伤的伤员最后送往医院；搬运昏迷或有窒息危险的伤员时，要采用侧卧的方法；救助休克伤员时，应采取保暖措施，防止热损耗。

（4）在抢救失血伤员时，首先利用外部压力为其止血。在紧急情况下，立即用压迫法止血，然后再根据出血情况改用其他止血方法；伤员较大动脉出血时，可采用指压止血法，用拇指压住伤口的近心端动脉，阻断动脉运动，达到快速止血的效果；受伤者颈部动脉大出血，采用其他止血方法无效时，采用颈总动脉压迫止血法；如果有严重外伤出血，可将头部放低，伤处抬高，然后用绷带、三角巾、止血带等进行包扎止血，在没有以上物品的情况下，可用干净的手帕、毛巾、床单、布料等代替在伤口上直接压迫止血；用绷带为伤员包扎时，不要在伤口上方打结，也不要在身体背后打结，以免睡觉时压住不舒服；用止血带为受伤者止血时，一定要扎紧，如果扎得不紧，仍会有血液流出。

（5）发生开放性骨折和严重畸形，可能由于受伤者穿着衣服难以发现，因此不要急于挪动伤者或扶其站立，以免骨折断端移位而损伤周围血管和神经。如果受伤者发生昏迷、瞳孔缩小或散大，甚至对光反应迟钝或者消失，则应考虑有颅内损伤情况，必须立即送往医院抢救。

（6）救助全身烧伤的受伤者，需迅速扑灭衣服上的火焰、向全身燃烧伤员身上喷冷水、脱掉烧着的衣服、用消过毒的绷带包扎伤口；切勿用沙土覆盖，以免造成伤口感染，甚至危及生命；烧伤受伤者口渴时，可饮用少量的淡盐水。

三、发生交通事故时应采取的措施

（1）在公路上发生交通事故时，肇事者及周围群众应尽可能保护好现场原貌，以利于事故处理时民警收集物证，判断事故性质；同时应在车辆周围放置警示标志，避免造成二次事故。

（2）及时救护伤员，快速拨打交通事故报警电话“122”或派人报告公安交通管理部门，告知交通事故发生的准确地址和事故性质并留下自己的姓名；简要说明事故原因与人员、车辆伤损情况以及是否需要医护人员帮助等，以便公安交警部门采取相应的救援、处理措施。

（3）若遇有肇事逃逸，要说清是驾车还是弃车逃逸，肇事车的车牌号、车型、颜色及逃逸方向等，为交警的侦破工作提供及时准确的信息。

（4）报警后，说明是否造成交通阻塞，是否影响道路通行，争取得到交通警察的帮助。

（5）如因交通事故引起火灾，报警人应先报火警 119，再拨打 122 报警。

四、交通事故预防

1. 提高交通安全意识

中职学生尚处于青春期，对交通安全知识缺乏，对交通安全意识淡薄，不管是校内还是校外，思想麻痹、安全意识不强很容易带来生命之忧。作为一名在校中职学生，遵守交通法规是最基本的要求。学校应当采取有效措施，防范中职学生交通事故的发生。

（1）做好交通法规宣传工作。学校采取家校联系的有效途径，利用致家长的一封信及回执，加大学生安全教育工作，引起家长的高度重视。

（2）提高中职学生交通法制观念。开设“思想道德与法律”“中职生安全教育”课程，通过进行交通安全教育，使广大中职学生加强信号灯意识、停车线意识、斑马线意识、靠右行意识、文明礼让意识等，自觉养成遵守交通法规的良好习惯，避免交通事故的发生。

（3）开展交通安全主题活动。例如主题班会、阅读书籍、教育视频、小品、相声、情景剧、手抄报、征文、警示语、广告画等；学校定期组织召开交通安全教育大会；以小组、寝室或班级为单位，组织一些形式多样、丰富多彩的交通安全知识竞赛活动、文艺宣传活动或其他宣传活动来促进广大中职学生牢固树立“安全第一、预防为主”的思想观念。

2. 自觉遵守交通法规

（1）中职学生在日常生活中除了重视学习外，安全教育更是不容忽视；除了提高交通安全意识，掌握基本的交通安全常识外，还必须从自我做起，自觉遵守交通法规，才能保证安全。例如每天上下学的时候，要注意在人行道内行走，如果没有人行道，则必须靠马路右边行走；不可以在马路上打打闹闹、踢球、跳皮筋等；不可以在路上扒车、追车……

（2）加强对交通规则的了解，知道哪些行为是触犯了交通法规，容易引发交通事故。只有自己在意识上对交通规则有了深刻了解与高度重视，才能够让平日的行为更加规范和安全。

(3) 如果你已经做到了遵守交通规则并懂得保护好自己，记得要由己及人，劝导身边的人注意交通安全，多去劝导一些不遵守交通规则的同学或者孩子，给他们讲解不遵守交通规则造成的各种危害，让他们也意识到在马路上玩耍、打闹是很危险的行为，稍有不慎可能会酿成惨剧。

(4) 对于交通安全的宣传活动，要积极踊跃地参与，努力发挥自己的一点光和热；发动大家都来参与遵守交通规则的行动，社会才能够更加和谐、安定。

安全小故事

究竟是谁的错?

一天，森林里发生大事情了！经过调查后，知道了事情的来龙去脉：原来今天一早，一只喜欢骑着车子到处逛的小猴子，从家里到超市去买东西，在经过超市门口的红绿灯时，明明看到绿灯变红灯，小猴子却不理，闯了过去。这时，正好有辆小货车往这边开，吓得小猴子惊慌失措、避让不及，一下子就被撞飞到了“森林超市”门口，当场昏死过去。超市里的工作人员急忙打电话向医院求救，小猴被送到医院后，幸好抢救及时，没有生命危险。森林里特地召开了对于这件交通事故的认定和关于遵守交通规则的大会。大象首先发言：“其实是小猴不对，它不应该闯红灯。”斑马爷爷却说：“是那个司机不对，它不应该经过红绿灯时不减速！”大家各说各的理，最后还是狮子大王下了定论。只听它说：“双方都有错，一个是车速太快，一个是明知红灯还闯！”大家听了狮子大王的话，觉得十分有道理，全都举手赞成，犯错的双方也都心服口服，当着大家的面写下了检讨书。

对于怎样遵守交通规则，大家又七嘴八舌地议论开来了！只听斑马爷爷说：“司机绝对不可以疲劳驾驶，因为这种经历到现在还让我后怕呢！有一次，我开车去看一个生病的朋友，由于走得匆忙忘了给花浇水。于是看到朋友没什么大碍后我就赶着回家了。车开到半路的时候实在是太累了，心想就一下下，不会出事的。可是，就是那一下下，撞到了路边的花坛！”“是啊！是啊！疲劳驾驶实在是太危险了！”豪猪先生说：“醉酒驾驶更不应该。就在10个月前，我去朋友家吃饭，看到了很久没见的朋友，大家都非常开心，我和朋友一边喝一边聊天，不知不觉就喝多了。大家分手回家时，我没有听朋友的劝告非要自己开车回家，结果由于酒精的作用，我出现了幻觉，竟然撞上了迎面而来的大卡车。幸亏我当时系了安全带，小命是保住了，可是手上到现在还留着一条长长的疤呢!”听完斑马爷爷和豪猪的话，大家都纷纷提议，为了大家和自己的安全都要自觉遵守交通规则，做一个文明的森林好公民。

当遇到交通事故时

某校周五放学，五名学生一同乘坐本村的一辆面包车回家，途中好冲动的学生小刚与司机发生了冲突，一气之下去抢夺方向盘，导致面包车撞上了大树后又发生了侧翻。发现翻车已不可避免的铁柱，用尽自己最大力气猛蹬双脚，增大向外抛出的力量和距离，朝着翻车相反方向跳车。铁柱采取了安全有效的自救方法得以自救，而其余四人和司机都被困在车里，并无大碍的铁柱赶紧去看车内五人的情况，拼尽了力气，将压在车边的小花拉了出来，发现车内其余四人有腿部重压、头部出血、昏迷等状况。铁柱拿起手机快速拨打“120”急救电话，随后又拨打交通事故报警电话“122”。

提升训练

1. 通过对本篇内容的学习，你对交通事故自救、互救常识有何新的认识、体会和感想?

2. 请结合实际深入讨论学生注意交通安全问题的重要性、必要性和紧迫性。

3. 下面这些做法对吗? 请你判断正误。

(1) 在事故现场抢救伤员的基本要求是先救命、后治人。(　　)

(2) 救助全身燃烧伤员的正确措施是：迅速扑灭衣服上的火焰，向身上喷冷水，脱掉烧着的衣服。(　　)

(3) 当车辆发生意外失火时，应破窗脱身并打滚灭火。(　　)

(4) 对无骨端外露骨折伤员的肢体，用夹板或木棍、树枝等固定时应低于伤口上、下关节。(　　)

参考答案：√　√　√　×

安全小贴士

安全生命一线牵，幸福安全两相连。

网络安全

随着科技的发展，网络已经进入我们的生活，成为学习、工作和娱乐的一种载体，成为现代社会中的生活方式。

丰富多彩的网络世界，让我们的生活和学习充满乐趣，但如果不能正确、健康地运用网络，就会坠入网络陷阱，不能自拔，甚至造成悲剧。

第一节　正确认识和使用网络

案例分享

胡同学，17 岁，某职校 18 级机械加工班学生。该生自初中毕业升入职校以来，长期沉迷于网络，饮食不规律，造成视力下降、生物钟紊乱。具体表现在只要停止上网，就会出现失眠、头痛、注意力不集中的现象，并伴有消化不良、恶心厌食、体重明显下降的情况。

小胡的父母在他很小的时候就离婚了，小胡的日常学习生活主要由其爷爷奶奶照

顾。小胡很斯文内向，在平时生活中显得很孤立，喜欢独处。上了职校之后混日子的想法很强烈，在日常学习生活中更是沉默寡言、不与同学交往，只有在网络游戏中才能体会到开心和成就感。

由于上网时间过长，过分迷恋与网上的“人机”式交往，忽略了生活当中真实存在的人际关系，小胡产生了现实人际交往“退化”和角色错位的现象。在校期间，他不是睡觉就是上网，同学们明显感觉到他与大家格格不入。

案例反思

近年来，互联网迅猛发展。我国互联网发展情况统计报告显示，青少年上网人数已占我国上网总人数的80%以上，中职学生更是其中一个重要人群。近年来，手机尤其是智能手机及平板电脑的快速普及，使得学生上网从单一依赖计算机到手机、计算机并用。网络开阔了他们的视野，方便了他们的学习，更成为他们生活中不可或缺的一部分。但令人担忧的是，相当数量的学生沉迷在网络世界中不能自拔，其身心和学业都受到了严重的影响。网络提供了大量有益信息，拓宽了沟通渠道，但也出现了青少年因沉迷于网络而荒废学业，甚至网络犯罪的现象。

沉迷于网络是中职生的一种很复杂的心理异常行为，原因有许多，不能草率对待，需要学校、家庭、社会多方面配合，齐抓共管，形成合力，才能取得最佳效果。

安全讲堂

人类的生活中，互联网起到了不小的作用。网络由于其方便、快捷、跨越时间和空间的特性，已深入到生活的方方面面。可以说，现在人们的生活已离不开互联网了。确实，互联网在生活中起到了非常重要的作用，我们应该充分利用互联网，让互联网帮助我们提高学习、工作效率，提高个人素质能力，优化方便个人生活，而不是只顾着聊天和游戏。但现在的学生，能真正利用好网络，提高自身素养的很少，他们要么远离网络对其避而远之，要么沉迷于游戏和聊天中不能自拔。中职生应如何正确利用网络，处理好网络与生活的关系呢?

一、网络的利与弊

今天，计算机网络已经成为一种遍布全球的公共设施，它是一个比传统媒体传播和使用信息更高效、更方便、更自由、普及面更广的媒体。但从负面意义上讲，计算机网络与传统媒体最大的不同点在于网络的开放性、互动性、广泛性，使那些在传统媒体和现实生活中无法作案的人在网上找到了实施其违法犯罪行为的空间和手段。中职生正处于青少年时期，其自控能力较差，往往经受不住网络世界的诱惑。

首先，网络时代的到来，为我们提供了一个便利而民主的平台，这极大地方便了人与人之间的交流与沟通。但是随之也导致了一系列不良因素的产生和不良信息的传播，包括色情、暴力信息的传播，对难以分辨是非的青少年造成误导，使之容易走上犯罪道路。近年来，国家也越来越重视预防青少年网络犯罪，并制定了一系列法律法规。但是，仍有许多网站打擦边球，变相地渲染色情暴力，这是导致青少年走上网络犯罪的重要原因。

网络的魅力在于信息资源的快速共享，引人入胜的互动情境，展示美好的数字化乐园，极大地满足了人们学习、娱乐和社会化的需求。网络文化对于喜欢追星猎奇、个性张扬的中职生而言，更是具有诸多“挡不住的诱惑”。网络文化对中职生的影响既有积极的一面，也有消极的一面，它是一把双刃剑。中职生在充分享受网络给他们带来的方便、快捷、乐趣的同时，其身心健康也会受到许多负面影响。这就需要教师提供足够的指导和帮助，使其获得网络的美丽而不落于陷阱。

二、如何正确运用网络

（1）在不影响生活和学习的情况下使用网络。

（2）网上遇到不文明的人，不要与他们说话。

（3）收到不文明的邮件不要查看。

（4）网上遇到陌生人，千万不要告知其家里的信息。

（5）不随便与网上结识的人相见。

（6）密码只属于自己。

（7）不要把在网上使用的密码告诉他人。

(8) 不要轻易相信网上陌生人说的话。

(9) 不浏览不健康的网站。

(10) 在公共场所上网，要关闭浏览器。

为倡导文明上网，让网络真正成为学习知识、交流思想、休闲文娱的重要平台，发挥网络信息对学生的教育功能，营造有益于健康成长的良好氛围，反对不良网风，弘扬优秀文化，中职生应该遵守文明上网规范，具体内容如下：

(1) 加强管理，对学生进行网络安全教育，教育学生做到文明上网、健康上网。增强其自我约束能力，辨认有害信息的能力。

(2) 学校要教育、帮助学生建立正确的人生观、价值观、世界观，树立远大理想，把主要精力用在努力学习科学文化知识上，严于律己，自觉抵制网络的不良影响。

(3) 要求广大学生上网做到“三不”和“三上”。不进营业性网吧，不浏览色情网站，不沉迷网络游戏。科学上网、文明上网、绿色上网。正确处理上网与学习的关系。

(4) 不传播有损学校声誉、有损他人人格的信息；不发表任何有碍学校稳定、破坏班级团结的言论。禁止在网络上从事违法犯罪活动，不制作、查阅、复制和传播有碍社会治安及社会公德和有伤社会风化的信息，不得发表任何诋毁国家和政府的言论。

(5) 保存好自己的上网账户和密码，不得窃取他人口令，不非法入侵他人计算机系统，不私自阅读他人文件或电子邮件，不滥用网络资源或蓄意传播制造其他恶作剧行为。

(6) 不在网络上接收、制作、散布封建迷信、淫秽、色情、赌博、暴力、凶杀、恐怖等有害信息，不浏览色情、暴力、不健康的网站网页。

(7) 不捏造或歪曲事实，不散布谣言、诽谤他人、扰乱社会秩序等不良信息。

(8) 上课时间不在网上浏览与学习无关的网页、视频等；同学之间诚实友好交流，不侮辱、欺诈他人；要增强自我保护意识，不约会网友；要维护网络安全，不破坏网络秩序；要有益身心健康，不沉溺虚拟时空。

(9) 未经老师允许，不得在互联网上发布教室、机房、操场、实训室等上课期间（包括自习课）的图片、音频、视频。

(10) 遵守《全国青少年网络文明公约》，争做网络文明先锋。

安全小故事

据报道，江西一高中生玩网络游戏，猝死在网吧。时隔不到半个月，广西传来报道，一学生连续 10 个小时在网上聊天，因疲劳过度猝死网吧。

胡某非常喜欢玩网上的暴力游戏。一天，他正在网上玩捅人的游戏，由于技术欠佳，一次次被人捅倒。旁边一个同学嘲笑了他几句，于是，在网上“杀”红了眼的他，一气之下，抽出刀具向那个同学捅去，而后依旧沉浸在游戏中。直到警方到现场，他才惊醒：“我是不是杀死了人，会不会坐牢?”

据统计，青少年犯罪中许多都与玩网络游戏有关。

提升训练

结合自身实际情况，讨论一下应该如何合理利用网络，发挥其有利的一面，消除弊端，充分服务于我们的日常生活和学习。

安全小贴士

无论在网上多么快乐，还是要在现实生活中寻找自己，在现实生活中感受和创造快乐。

第二节　别让病毒伤害你

计算机是我们日常生活和学习中最常使用到的工具，其功能强大，使用便捷，是人们的好帮手。但是因为一些不法分子的行为，我们在使用计算机过程中往往会遭到计算机病毒的入侵，这些或大或小的病毒会对计算机造成危害，更有甚者会泄露我们的个人隐私。

案例分享

CIH 病毒

CIH 病毒是迄今为止破坏性最严重的病毒，也是世界上首例破坏硬件的病毒。

CIH 病毒属文件型病毒，杀伤力极强。主要表现在病毒发作后，硬盘数据全部丢失，甚至主板上 BIOS 中的原内容也会被彻底破坏，主机无法启动。只有更换 BIOS，或是向固定在主板上的 BIOS 中重新写入原来版本的程序，才能解决问题。此病毒是由台湾大学生陈盈豪研制的。1998 年 6 月 2 日，首例 CIH 病毒在中国台湾被发现；1998 年 6 月 6 日，发现 CIH 病毒 V1.2 版本；1998 年 6 月 12 日，发现 CIH 病毒 V1.3 版本；1998 年 6 月 30 日，发现 CIH 病毒 V1.4 版本；1998 年 7 月 26 日，CIH 病毒在美国大面积传播；1998 年 8 月 26 日，CIH 病毒在全球蔓延。1999 年 4 月 26 日，CIH 病毒 1.2 版首次大规模爆发，全球超过六千万台电脑受到了不同程度的破坏。此后，陈盈豪公开道歉并积极提供解毒程式和防毒程式，CIH 病毒逐渐得到有效控制。

爱虫病毒

2000 年 5 月 4 日，一种名为“我爱你”的电脑病毒开始在全球各地迅速传播。这个病毒是通过 Microsoft Outlook 电子邮件系统传播的，邮件的主题为“I LOVE YOU”，并包含一个附件。一旦在 Microsoft Outlook 里打开这个邮件，系统就会自动复制并向地址簿中的所有邮件地址发送这个病毒。据称，这个病毒可以改写本地及网络硬盘上面的某些文件。用户机器染毒以后，邮件系统将会变慢，并可能导致整个网络系统崩溃。爱虫病毒是迄今为止发现的传染速度最快、传染面积最广的计算机病毒。

熊猫烧香

这是一款拥有自动传播、自动感染硬盘能力和极强破坏力的病毒。该文件是系统备份工具 GHOST 的备份文件，使用户的系统备份文件丢失。被感染的用户系统中所有.exe可执行文件全部被改成熊猫举着三根香的模样。

这个病毒是 2006 年 10 月 16 日由 25 岁的李俊编写，2007 年 1 月初肆虐网络。2007 年 9 月 24 日李俊被湖北省仙桃市人民法院以破坏计算机信息系统罪处以 4 年有期徒刑。这是中国警方破获的首例计算机病毒大案。

案例反思

信息时代的到来，计算机与网络改变了我们的生活，为大家带来诸多便利，但随之而来的是一些不法分子利用计算机病毒与木马对信息、网络世界的环境进行大肆的破坏与污染，给一些计算机用户带来了不同程度的损失。为了有一个安全干净的信息网络环境，我们需从自身做起，抵御计算机病毒。

安全讲堂

计算机运算速度快，计算精度高，记忆能力强，具有逻辑判断能力，有高度的自动化能力。随着计算机技术的不断发展和普及，计算机成为人类不可或缺的工具，计算机的强大作用给人们带来极大方便，人类对计算机的依赖也越来越大，所以计算机的安全是一个越来越重要的问题。伴随着计算机技术的发展，计算机病毒开始出现。

今天，计算机病毒林林总总，无孔不入，其发作模式与早期大举进攻、损毁数据的暴露型已有不同，选择的往往是一种更为安静的袭击方式，远程控制电脑，组成"僵尸网络"，或者窃取用户身份、信用卡信息以及其他商业数据等。我们应该如何防范计算机病毒，让其远离我们的生活呢？

一、什么是计算机病毒

计算机病毒在《中华人民共和国计算机信息系统安全保护条例》中被明确定义，是指"编制或者在计算机程序中插入的破坏计算机功能或者毁坏数据，影响计算机使用，并能自我复制的一组计算机指令或者程序代码"。与医学上的"病毒"不同，计算机病毒不是天然存在的，是某些人利用计算机软件和硬件所固有的脆弱性编制的一组指令或程序代码。它能通过某种途径潜伏在计算机的存储介质（或程序）里，当达到某种条件时即被激活，通过修改其他程序的方法将自己的精确拷贝或者可能演化的形式放入其他程序中，从而感染其他程序，对计算机资源进行破坏。

除复制能力外，某些计算机病毒还有其他一些共同特性：一个被污染的程序能够传送病毒载体。当你看到病毒载体似乎仅仅表现在文字和图像上时，它们可能已毁坏了文件、格式化了硬盘驱动或引发了其他类型的灾害。即使病毒并不寄生于一个污染程序，它仍然能通过占据存储空间给你带来麻烦，并降低你的计算机的全部性能。例如，某些病毒会大量释放垃圾文件，占用硬盘资源；有的病毒会运行多个进程，使中毒电脑运行变得非常慢。

二、计算机病毒的防范

防范计算机病毒的最有效方法是切断病毒的传播途径，主要应注意以下几点：

（1）不用非原始启动盘或其他介质引导机器，对原始启动盘实行写保护；

（2）不随便使用外来硬盘或其他介质，对外来硬盘或其他介质必须先检查后使用；

（3）做好系统软件、应用软件的备份，并定期进行数据文件备份，供系统恢复用；

（4）计算机系统要专机专用，避免使用其他软件（如游戏软件），减少病毒感染机会；

（5）接收网上传送的数据要先检查后使用，接收邮件的计算机要与系统用计算机分开；

（6）定期对计算机进行病毒检查，对于联网的计算机应安装实时检测病毒软件，防止病毒传入；

（7）如发现有计算机感染病毒，应立即将该台计算机从网上撤下，以防止病毒蔓延。

电脑病毒主要靠网络和移动存储（如 U 盘）传播，所以，一定要有良好的上网习惯，不要浏览不良网站（这些网站往往含有病毒和木马）。如果不是电脑高手，需要安装安全防护软件，比如防病毒软件、网盾等。

三、防止电脑受攻击的小锦囊

（1）安装采用更为安全的操作系统，不要使用已被终止服务的操作系统。

（2）安装防火墙、杀毒软件，并使其保持最新版本，另外，网页浏览器也要保持最新版本。

（3）由系统管理员对服务器系统端口进行必要的屏蔽。

（4）用户操作系统和一些上网软件及时进行更新升级。

（5）不要运行不熟悉的可执行文件。

（6）在 QQ、微信中不要随意添加陌生人，不随便接受聊天请求，免得遭受窗口攻击。

（7）不要随便打开陌生人发给你的邮件附件。

（8）不要逛一些可疑的站点，在任何网页中输入密码时仔细检查浏览器地址栏，确认是否是你要访问的那个网站而不是不认识的“钓鱼”网站。

四、电脑系统感染病毒后的处理方法

（1）运行杀毒软件，然后关机进行冷启动。

（2）以最快速度备份或者转移重要文件，防止被木马持续损坏，建议将它们转移备份到别的可移动硬盘或者磁盘上。还有一点，不要轻易直接关闭计算机，因为一旦损坏严重，再次进入计算机可能比较麻烦。无论文件是否已经中毒，应该先备份，最好加以标记，清理完所有病毒再来处理这些文件。

（3）可以尝试恢复系统，但是必须先保证这个备份的安全性。

（4）立刻断网，尤其注意 IE 是否经常询问你进行一些操作，包括运行某些不可知的 ActiveX 控件等，千万不要乱动，最好直接关闭。

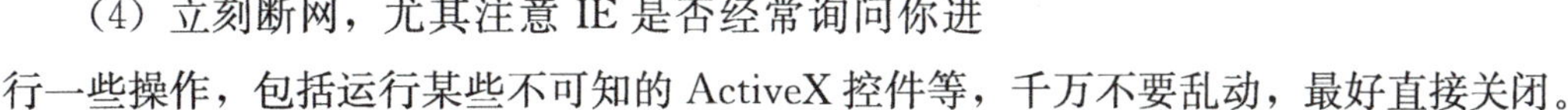

（5）重新恢复系统后，一定要修改所有的账户密码，尤其是重要的账户密码，防止被二次侵占丢失重要信息。

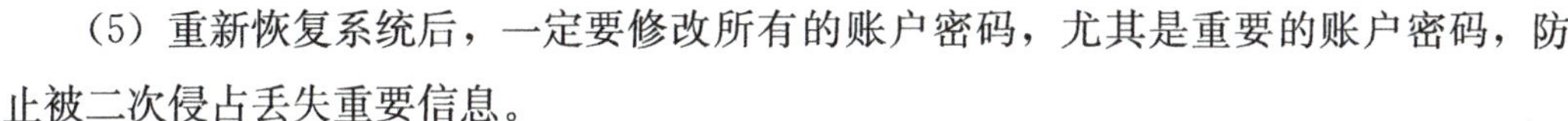

安全小故事

勒索病毒对全球攻击的影响

勒索病毒对全球攻击的影响，波及 150 多个国家与地区、10 万多组织机构、30 多万网民，影响规模很大。触发点是从乌克兰和俄罗斯爆发，迅速蔓延到全球。

2017 年 5 月 12 日，一种名为“想哭”的勒索病毒袭击全球 150 多个国家和地区，影响领域包括政府部门、医疗服务、公共交通、邮政、通信和汽车制造业。2017 年 6 月 27 日，欧洲、北美地区多个国家遭到“NotPetya”病毒攻击。乌克兰受害严重，其政府部门、国有企业相继“中招”。2017 年 10 月 24 日，俄罗斯、乌克兰等国遭到勒索病毒“坏兔子”攻击。乌克兰敖德萨国际机场、首都基辅的地铁支付系统及俄罗斯三家媒体中招，德国、土耳其等国随后也发现此病毒。2018 年 2 月，多家互联网安全企业截获了“Mind Lost”勒索病毒。

2018 年 2 月，中国再次发生多起勒索病毒攻击事件。经腾讯公司安全分析发现，此次出现的勒索病毒正是“Globe Imposter”家族的变种，该勒索病毒将加密后的文件重命名为.GOTHAM、.Techno、.DOC、.CHAK、.FREEMAN、.TRUE、.TECHNO 等扩展名，并通过邮件来告知受害者付款方式，使其获利更加容易方便。2018 年 3 月 1 日，有杀毒软件厂商表示，他们监测到了“麒麟 2.1”的勒索病毒。2018 年 3 月，国家互联网应急中心通过自主监测和样本交换形式共发现 23 个锁屏勒索类恶意程序变种。该类病毒通过对用户手机锁屏，勒索用户付费解锁，对用户财产和手机安全均造成严重威胁。

提升训练

1. 现在的电脑病毒越来越猖獗，在这种情况下，你该如何保护自己的电脑，让它免受攻击呢?

2. 说说你知道哪些电脑病毒，这些病毒有哪些危害? 将你知道的以及查阅到的知识做成资料卡。

安全小贴士

定期查杀电脑木马病毒，可以避免电脑被病毒危害。

第三节　慎交网友

随着时代的发展，网络已经成为一种重要的交流手段，网络交友也是一种不可避免的现象。网络交友可以扩大社交范围，通过和别人的交流可以吸收各种不同的经验和知识，也可以缓解压力、放松情绪。但其中也不乏一些不利因素，有些不良分子通过网络进行欺诈活动，或者传播不健康内容。另外，控制不当还会造成沉迷现象等。

案例分享

被害人小雨（化名）是名初中生，2012 年，她通过 QQ 认识了社会人士张三（化名）。由于成绩不好，小雨经常与张三在网上聊天倾诉。不久，两人就相约见面。见面之后，小雨感觉张三并非她原来所想象的人，于是提出以后不再见面。但张三却不愿意，并威胁小雨，若与他断绝来往，他就每天到小雨学校门口等候，让小雨在同学面前出丑。无奈之下，小雨被迫与张三交往。交往期间，张三通过各种哄骗手段，让小雨从家里偷出 2 万多元现金供其挥霍，并多次趁与小雨见面时抚摸其身体，要求小雨为其“服务”。小雨父母发现女儿精神状况出现异常之后，再三追问，小雨才将此事道出。小雨父母立刻报警，公安机关以强制猥亵儿童罪将此案移送检察机关审查起诉。当地人民检察院以诈骗罪、强制猥亵儿童罪对张三正式提起公诉。由于案件涉及个人隐私，法院不公开庭审。

案例反思

随着互联网的发展与普及，越来越多的中学生参与到网络生活中。网上交友是非常普遍的事情，但是，部分学生把过多的时间花费在网络上，只看到网络给我们的生活和交往带来便利的一面，没有充分认识到网络的虚拟性和隐蔽性，也没有鉴别信息和网友的基本能力，很容易受到不良影响，甚至受到伤害。网络本身就是一把双刃剑，网络交友亦是有利有弊。

检察机关提醒，由于青少年自我保护意识较差、社会经验不足，常常成为不法分子所觊觎的对象。青少年网上交友需谨慎，切勿轻易与网友相约见面。青少年应加强自我防范意识，遇到问题应及时向家长、学校反映，必要时应报警求助。

安全讲堂

作为中职生，对是非的判断能力不够，对于网络交友应慎重对待。作为家长或老师，应把握尺度，不能生拉硬扯，绝对的禁止并非正确途径。适当的网络交流是有益的，但要加以引导和适当监督，正确对待网络，防止沉迷或受骗。

中职生上网交友的益处在于他们所交的朋友会使他们的生活圈子变大，朋友满天下。所谓“秀才不出门，能知天下事”，他们能交换资讯，增广见闻，不做个孤陋寡闻的井底之蛙。此外，他们还能通过交换信息，丰富对各地的认识。

中职生上网交友也有弊。他们整天对着电脑、电话，不与家人沟通。久而久之，他们的性格就越变越孤僻。他们也会沉迷于网上交友，会上瘾，不能自拔，进而荒废学业，成绩一落千丈。他们也会受到网友的影响，做出一些不当的行为。

中职生上网交友应该注意什么？

(1) 在网络中，不要轻易给出能确定身份的信息，包括家庭地址、学校名称、家庭电话号码、父母身份、家庭经济状况等。如需要给出，一定要征询父母的意见。

(2) 不要单独与网上认识的朋友会面。如果认为非常有必要会面，要到公共场所，并且要有父母或年龄较大的朋友陪同。

(3) 受到带有攻击性、淫秽、威胁等语言的信件或信息，不要回答或反驳，要马上告诉父母。

(4) 未经父母同意，不在网上传播自己的照片。

(5) 记住，你在网上读到的信息有可能不是真的。例如，一个给你写信的“16 岁女孩”，可能是一个 40 岁的先生。

(6) 单独在家时，不要允许网上认识的朋友来访。

(7) 切不可将网络（或电子游戏）当作一种精神寄托。

总而言之，网络世界是个虚幻的空间，我们必须以谨慎的态度结交新朋友，因为近朱者赤，近墨者黑，千万不能受那些不良朋友的影响。

安全小故事

如今，互联网在社会生活中越来越普及，网络道德与礼貌也日益重要。网络虽是虚拟世界，但仍要讲究道德与礼貌。

如果开口骂人，说脏话，只会使大家厌恶，觉得你没修养。这种人在现实社会和网络上都是没有立足之地的。

讲道德，不仅涉及不讲脏话，还必须言而有信。如果胡乱回复帖子，会让别人信以为真，做错事，害人害己。

另外，由于青少年正处于成长时期，阅历少，经验不足，在网络这个缤纷复杂的世界游历时，一定要注意树立自我保护意识，在自己的头脑里建立起“安全防火墙”，以抵御不良信息的影响。标明限制信息的，如果自己处在限制区域内，一定不能进入。

希望我们都能够在网上无忧无虑、安全地畅游！

提升训练

1. 我们怎样才能利用好网络成就精彩的人生？
2. 怎样才能做到绿色上网、文明交友呢？

安全小贴士

网上的朋友也许给你的是假象，虚拟的友谊不能取代现实生活中真实的情感。

第四节 网上购物需谨慎

网购作为新型的购物方式，以其独特的购物理念和便捷的特点颇受当代人青睐。然而不法分子却利用网购这一平台，发布大量的虚假信息欺骗消费者。中职生因社会经验不足、思想单纯、鉴别能力有限，以及对网络信息的真实性把握得不够完整，往往成为网购中的受害者。

案例分享

学生小同在网上购物后，收到 QQ 消息的加好友提示，便同意将其加为好友。对方自称是店家，声称货物有瑕疵，需核实信息以便退款，小同不假思索地配合“店家”。首先收到“验证是否为本人操作”的验证码（其实质是淘宝账号的修改密码验证码），得到验证码后的“店家”立即修改了小同的账号密码（导致小同不能登录淘宝账号），同时掌握了其用户信息并通过所得到的信息取得小同的信任。然后，小同在“店家”的引诱下输入了银行账号，并在支付宝的备注里输入了银行密码。当“店家”询问其卡上余额时，小同觉得纳闷，但仍未怀疑；当收到银行的验证信息“尾号为××××的卡将支出××××元”时，小同略有迟疑，在反问对方未成功和压力式“逼问”下，小同一烦躁便将验证码脱口而出。最后，小同银行卡被扣除 800 元，仅剩 20 多元。

同月，该校另外一名学生在网上购物后，也被不法分子利用类似的手段骗走 900 多元。除了这两名同学，同期也有其他同学成

为网络诈骗的受害者。

案例反思

随着网络的发展，网上购物这个新事物已成为风靡全球的潮流。喜欢上网购物的网民认为，用互联网来完成购物不仅节省时间，免除了舟车劳顿，还有机会买到在本地市场难觅的商品。同时，对一些追求新奇的白领族、学生族来说，这不失为一种时尚的消费方式。

本案中小同网络受骗的现象普遍存在于大中学生中：虚幻的网络爱情，网站发布的虚假“中奖”消息，高薪的网上招聘兼职信息……无不显示着学生是网络“杀手”的主要诈骗对象。看似偶然的网络上当受骗事件，背后也蕴藏一些学生网络受骗的共同原因。

安全讲堂

在当今社会的宏观背景下，网络发展迅速，第三方支付系统已经成为网络交易中的一个重要环节，它在为网络交易提供安全保障的同时，自身也易被不法分子利用，不自觉地充当了“钓鱼”的工具，至今仍未有一个有效的机制能够防范和处置网络诈骗。对不法分子而言，网络诈骗的成本低，有关部门监管的难度较大，其体制仍待健全，虽然一些网络购物平台提供了消费者申诉维权平台，但目前并未有一个具有较强实际意义的举报平台。受骗以后，大多数网友选择忍气吞声，并未进行举报，致使诈骗行为日益猖獗。

下面几种网购诈骗的方法，大家注意识别：

（1）网购时，不法分子会借助网速慢、交易迟钝等现象，借机告诉消费者单子出现“调单”“卡单”等情况，并故意说没有收到付款来欺诈消费者，要求消费者再次进行支付，由此实施诈骗。

支招：遇到这类情况，大家一定要提高警惕，不要相信不法分子以任何卡单、未支付成功为借口向你索要银行卡号和验证码，他们将以此来骗取你的个人财产。

（2）网购时，有些不法分子会伪装成商家，给消费者发送木马链接，一旦点击中毒，不法分子就会借助这个机会盗取消费者的银行卡密码，从而实施诈骗。

支招：要谨防“钓鱼”网站，务必选择正规的购物网站，不要随意点击网页里、短信中的链接或浮动弹窗，不要轻易将个人敏感信息（如身份证号、银行卡号、家庭住址等）提供给他人，更不要轻易输入动态验证码或转告他人，增强自身防范意识。

(3) 在网购的过程中，有些不法分子会通过 QQ、微信之类的聊天工具，伪装成消费者的亲朋好友，希望能帮忙代付。一旦被发现，就会将消费者“拉黑”。

支招：如果遇到此类信息，一定要先与相应的亲朋好友进行联系，核实确认后用正规的付款方式帮忙付款，万不可轻信此类信息，以防中招被骗。

(4) 短信诈骗一直让大家痛恨不已，不法分子会变换出各种花样来迷惑消费者，常见的诈骗手段有给消费者发送中奖短信、吸引消费者加 QQ 群、诱导消费者点击木马链接等，从而达到诈骗的目的。

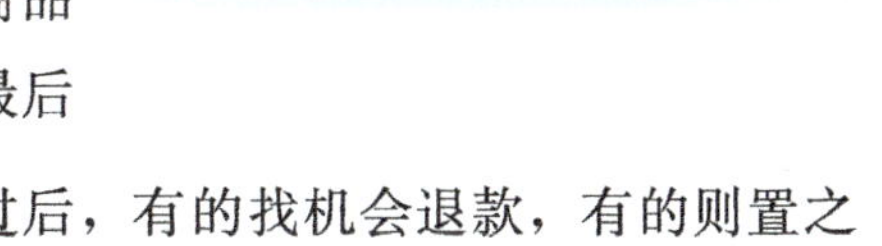

支招：此类营销短信正规的发送方式是通过短号发送的，比如 106××××，如果发送方号码是一个普通的手机号，大家应该有所提防，切不可轻信。

(5) 网购拍下的商品一直不发货：有可能被商家“刷单”了。有的商家为了在短时间内提高自己商品的销售量，故意用性价比高的商品吸引买家，但最后以物流原因推迟发货，甚至不发货，等促销活动过后，有的找机会退款，有的则置之不理。

支招：遇到订单未发货的情况，应该核对订单情况，联系卖家。如果是卖家忘记了，则催促其尽快发货；如果在催促后还未发货，则可以考虑取消订单，并及时申请退款或者官方仲裁。

安全小故事

扁鹊是公认的名医，他有两个哥哥，医术比扁鹊还好。一次魏文帝问起此事，扁鹊解释说：我的两位兄长才是真正的神医。我大哥治病，是在病情发作之前。他所在的地方人们身体健康，根本不生病，所以他的名气无法传出去，只有我们家的人才知道。我二哥治病，是在病情初起之时。他所在的地方人们患上轻微的小病很快就痊愈，所以他的名气只在本乡传播。我扁鹊治病，是在病情严重的时候。一般人都见我做穿针放血、在皮肤上敷药等大手术，以为我医术高明，名气因此响遍全国。

这则故事应用在网络安全方面，同样适用。信息安全不应该只停留在查杀病毒、入侵检测、信息泄露等应急事件处理上，这样只会成为焦头烂额的“救火队员”，而更应该具有前瞻性，在日常工作中防患于未然，将安全工作做到“隐形”。对我们每个人来说，在信息安全上更需要“神医”。

提升训练

经常网购的同学，应预防哪些网络诈骗？

安全小贴士

购物一定要选择正规的网站，不要被低廉的价格蒙蔽了双眼。

第五节　中职生使用手机的利与弊

随着手机价格的下降、各种功能的完善及网络与手机的进一步结合，手机已成为一种较为普遍的通信和沟通工具。近年来，手机的普及率和使用者范围都有非常大的提高。前几年，拥有一部属于自己的手机，还是大人们的事，但今天却不同了：在中职学校，手机几乎是人手一部。下课的时候，可以经常看到在教室里或者走廊中使用手机的同学。对学生使用手机这一现象，我们应持什么态度呢？怎样才能合理地使用手机，扬长避短，发挥它应有的作用呢？

案例分享

某校课堂上，老师正在讲课，“下课铃”突然响起，竟然是有人故意把手机铃调为下课铃声，全班同学哄堂大笑，安静的课堂气氛荡然无存。还有的同学带手机进课堂，即使不故意捣乱，但其思想处于游离状态，总时不时掏出手机看短信或发短信，心思集中不到课堂上。每当遇到自习课或“无聊”科目时，还有人偷偷用手机打游戏。这些行为都严重干扰了正常的课堂秩序。

案例反思

案例中的学生不正确地使用手机，不仅影响自己的学习，也干扰了正常的课堂秩序。

每到课余，一些学生就会围在一起相互“切磋”手机的款式和功能，校园里的手机越来越多，档次也越来越高，对那些没有手机的同学，很容易造成心理的不平衡，在攀比之风的影响下，有些同学开始盲目追逐，因为手机更新换代十分迅速，外形、功能都日新月异。拿名牌手机的同学会炫耀自己的家境、父母地位，这样会让学生把父母当作靠山，不思进取。

安全讲堂

随着时代的发展，方便、快捷的通信工具——手机进入千家万户，在大街上可以看到人手一机的情景。

中职生应不应该使用手机呢？经过调查，综合起来的意见是：有利有弊。中职生使用手机，利在于可以方便联系。到了中职学校，不少同学都需要住宿，一周才可以回家一次，思家之情不言而喻，而手机在此时便起到稳定学生情绪、消除父母担心的作用。一个电话，一条短信，都带着浓浓的亲情，传递到亲人的手中，是关切与安心；当你出门在外，有朋友或家人忽然有急事想了解你在何处、在做什么，此时手机又是一种快捷、方便的联系工具；外出旅行或办事，坐在火车或大巴上，闲来无聊，听听手机上下载的音乐，玩玩游戏，的确又是一种不错的消遣工具。

从使用手机的现状来看，我们总结出中职生使用手机的有利和不利因素。

一、使用手机的有利因素

（1）与以前的同学多交流，可以保持原有的友谊；与现在的同学多交流，可以增进友谊，遇到疑难问题时，可以用手机进行讨论。

（2）一些手机的拍摄功能，可以随时记录一些有意义、有价值的东西。

（3）手机中的闹钟功能，可以随时使用。

（4）通话记录功能。手机里有通话记录，方便查阅。

（5）当学生外出游玩或在其他地方遇到危险时，可以及时向家长、老师或警察求助。

二、使用手机的不利因素

（1）短信、微信聊天，影响休息，贻误学业。多数家长反映，学生用手机谈论学习的内容少，用于同学之间联系或发短信、微信的多。

（2）不良信息，玷污心灵。据了解，一所中职学校曾做过一个调查：在学生发送接收的手机短信息中，70%是与正常学习和生活无关的信息，10%以上是黄色短信息，部分学生甚至把相互转发“黄段子”当作时尚。

（3）使用手机会增加父母额外的负担。大多数学生购买手机的资金全部直接或间接来自父母，另外，还有每月几十元到上百元不等的话费也需要家长掏腰包。以一年计算，除购买手机，家长花在孩子手机上的费用至少要 500 元。对于经济条件并不宽裕的家庭来说，给孩子买手机等于是给家长增添了新的负担。

（4）使用手机为考试作弊提供了条件。用手机舞弊已经是公开的秘密了，而且一条信息可以发给好几个同学，作弊的范围很广。

（5）使用手机会影响校园治安。手机是贵重物品，若有不良行为的学生会发生偷盗现象。在一些发达国家，学校的管理者更早地遇到了这一问题，手机所带来的恶劣影响也更为突出，有手机的学生也成为一些犯罪分子欺骗和抢劫的对象。

（6）使用手机会妨碍学校的教育教学秩序。上课时有的同学手机未关机，突然来电话，影响全体同学听课，会给整个教室带来不愉快的情绪。

中职生可以使用手机，但要合理适度地使用它，大可不必手机不离身，每天捧着它，而是应该在需要时使用它，充分利用高科技带来的好处，扬长避短，真正发挥一部手机应有的作用，造福于我们的学习、生活！手机本身并没有对错之分，最重要的是我们怎么来使用手机，在哪些地方、哪些时候使用。我们也坚决反对学生用手机在上课期间发短消息、考试作弊等不良的行为。同时，我们也应该肯定手机确实给生活带来了快捷和方便。作为中职生，更应该培养自己的自觉性。对手机的使用，做到自我约束。只要合理地使用手机，它一定会给你带来不一样的帮助，一定会成为良好的生活伴侣。

希望在电子科技产品快速发展的今天，我们能够更多地了解如何形成良好的生活习惯，养成健康的生活方式，让手机健康地进入我们的校园。

安全小故事

只因课堂上玩手机被班主任发现，受到批评教育，学生竟先后用两把刀砍杀班主任。

2015 年 3 月 18 日 8 时 30 分左右，平远县一所中学教师穆某发现学生汪某边上课边玩手机，两次要求其交出手机被拒绝后，穆某遂给汪某的母亲打电话让其劝说，但仍然无效。之后，心生怨恨的汪某便想杀死班主任，然后自杀。当日 9 时 20 分许，汪某买了两把水果刀，10 时 40 分许，在教学楼二楼走廊等候穆某。穆某出现后，汪某突然用右手握住藏在袖筒里的水果刀，向穆某的颈部连续挥砍两刀，被夺下刀后，汪某又拔出腰间的一把水果刀上前砍杀穆某，当即又被制止。穆某左侧脖子被刀擦伤，经鉴定，损伤程度未达到轻微伤。

经审理，平远县法院认为，汪某的行为已构成故意杀人罪（未遂），鉴于汪某未满十八周岁，犯罪未遂，归案后能如实供述其犯罪事实，且其家属能积极赔偿被害人穆某的相关损失，获得被害人的谅解，遂判处其有期徒刑 3 年，缓刑 4 年。

提升训练

现在很多学校对学生带手机进学校是禁止的，但总是屡禁不止，甚至有上升的趋势。学生用手机很多是玩游戏或者上网，使用手机不影响学习的很少。俗话说，堵不如疏，结合自身经历，请你谈一谈应该怎样引导学生正确使用手机。

安全小贴士

不管在什么情况下，接到可疑的电话都不要轻易相信，不要在慌乱的情况下，抱着破财免灾的心态，把钱随意地转到他人账户中。

第六章 社会安全

第一节　如何应对公共事件

当前，随着经济的全球化、市场化、金融化的不断深入，社会经济生活中各种不确定因素的增加，公共风险也在不断扩大，公共风险一旦变为现实即成为危机，构成突发事件。突发公共事件包括自然灾害、事故灾难、公共卫生事件、社会安全事件。本节将详细介绍突发公共事件的预防及其有效措施，使大家能够有效提高防范意识，保护自己。

案例分享

【案例 1】

1976 年 7 月 28 日，唐山市发生 7.8 级地震。地震的震中位置在唐山市区。这是中国历史上一次罕见的城市地震灾害。顷刻之间，一个百万人口的城市化为一片瓦砾，人民生命财产及国家财产遭到惨重损失。

【案例 2】

1998 年 1 月 10 日 11 时 50 分，尚义以东地区发生 6.2 级地震，造成了严重的人员伤亡和经济损失，是当年中国最严重的一次地震灾害。地震灾区涉及张北、尚义、万全和原康定县的 19 个乡镇，灾区人口近 17 万。地震中有 49 人死亡，11 439 人受伤，其中重伤 362 人，伤亡人数占全国当年总数的 83.9%。由于当地居民房屋的结构和选址不合理，房屋的建筑质量和抗震性能不强，有些房屋本身就已经是危房，因此，房屋破损较为严重，破坏面积达到 650 多万平方米，其中完全毁坏 175.4 万平方米。地震的直接经济损失高达 7.94 亿元。震后政府和各方面共投入救灾款项 8.36 亿元。

【案例 3】

2011 年 3 月 11 日，日本 9.0 级地震引发海啸，波高达 37.9 米。日本东北大学地震和喷火预知研究观测中心全球首度针对海底地盘隆起进行了实测。该研究中心应用水压计进行了调查，水压计设置于震源以东约 100 千米的海底，水深约 5 800 米，位于海洋板块下沉至陆地板块的交界处（日本海沟）附近。中心于 3 月 24 日回收水压计，继而推定海水面的变动幅度。研究发现，此次地震使位于震源东端的海底地盘隆起约 5 米，由于 7 级地震通常使地盘隆起约 1 米，因此这一大幅度隆起被认为是导致大海啸的原因。大地震和海啸导致 15 897 人死亡，2 533 人下落不明。失踪群体中大部分被认为已经遇难，而他们的遗体或被海啸卷入大海，或依旧埋在震后废墟中。

案例反思

目前人类还无法阻止自然灾害的发生，也无法完全抵御自然灾害的破坏，但是，我们可以根据自然灾害发生的规律和特点，采取积极有效的措施，减少灾害带来的损失。学会自救，珍爱生命！

安全讲堂

突发事件常以人们意想不到的方式发生，如何有效处理突发事件，尽可能地预防和减少突发事件，尽可能地减轻和避免突发事件带来的危害，本节将详细解读。

一、突发公共事件

1. 突发公共事件的种类

公共事件是指突然发生，造成或可能造成重大人员伤亡、财产损失、生态环境破坏和严重社会危害，危及公共安全的紧急事件。根据突发公共事件的发生过程、性质和机理，突发公共事件主要分为以下四类：

（1）自然灾害。主要包括水旱灾害、气象灾害、地震灾害、地质灾害、海洋灾害、生物灾害和森林草原火灾等。

（2）事故灾难。主要包括工矿商贸等企业的各类安全事故，交通运输事故，公共设施和设备事故，环境污染和生态破坏事件等。

（3）公共卫生事件。主要包括传染病疫情，群体性不明原因疾病，食品安全和职业危害，动物疫情，以及其他严重影响公众健康和生命安全的事件。

（4）社会安全事件。主要包括恐怖袭击事件、经济安全事件和涉外突发事件等。

各类突发公共事件按照其性质、严重程度、可控性和影响范围等因素，一般分为四级：Ⅰ级（特别重大）、Ⅱ级（重大）、Ⅲ级（较大）和Ⅳ级（一般）。

2. 突发公共事件的预警

突发公共事件的预警包括可能发生的突发公共事件类别、预警级别、起始时间、可能影响范围、警示事项、应采取的措施和发布机关等。

二、自然灾害自救

1. 地震

强烈的地震，常会造成房屋倒塌、大堤决口、大地陷裂等情况，给人民的生命和财产带来损失。地震发生时怎样保护自己？为了在地震发生时保护自己，应当掌握以下应急的求生方法。

（1）如果在平房里，突然发生地震，要迅速钻到床下、桌下，同时用被褥、枕头、脸盆等物护住头部，等地震间隙再尽快离开房间，转移到安全的地方。地震时如果房屋倒塌，应待在床下或坚固的桌下，千万不要移动，要等到地震停止再跑出室外或等待救援。

（2）如果住在楼房中，发生了地震，不要试图跑出楼外，因为时间来不及。最安全、最有效的办法是，及时躲到两个承重墙之间最小的房间，如厕所、厨房等。也可以躲在桌、柜等家具下面以及房间内侧的墙角，并且注意保护好头部。千万不要去阳台和窗下躲避。

（3）如果正在上课时发生了地震，不要惊慌失措，更不能在教室内乱跑或争抢挤出教室。靠近门的同学可以迅速跑到门外，中间及后排的同学可以尽快躲到课桌下，用书包护住头部；靠墙的同学要紧靠墙根，双手护住头部。

（4）如果已经离开房间，千万不要地震一停就立即回屋取东西。因为第一次地震后，接着会发生余震，余震对人的威胁会更大。

（5）如果在公共场所，突然发生地震，不能惊慌乱跑，可以随机应变躲到就近比较安全的地方，如桌柜下、舞台下。

（6）如果正在街上，突然发生地震，绝对不能跑进建筑物中避险，也不要在高楼下、广告牌下、狭窄的胡同、桥头等危险地方停留。

（7）如果地震后被埋在建筑物中，应先设法清除压在腹部上的物体；用毛巾、衣服捂住口鼻，防止烟尘窒息；要注意保存体力，设法找到食物和水，创造生存条件，等待救援。

2. 海啸

海啸经常发生在沿海地区，海啸引起狂风、暴雨、巨浪，对沿海城市设施、出海船只和沿海地区的农业生产具有强大的破坏力。怎样减轻海啸的危害呢？

（1）注意收听有关天气预报，做好预防准备工作。

（2）房屋需要加固的部位及时加固，关好门窗。

（3）准备好食品、饮用水、照明灯具、雨具及必需的药品，预防不测。

（4）疏通泄水、排水设施，保持通畅。

（5）海啸到来时，要尽可能待在室内，减少外出。

（6）遇有大风雷电时，要谨慎使用电器，严防触电。

（7）密切注意周围环境，在出现洪水泛滥、山体滑坡等危及住房安全的情况时，要及时转移。

（8）风暴过后，要注意卫生防疫，减少疾病传播。

3. 台风

台风极具破坏力，遇到台风时，怎样保护自己呢？

（1）尽量逃往坚固的建筑物中躲避，这是最保险的办法。

（2）若正好在野外，尽量找地势低洼处卧倒，并减少衣物，防止衣物鼓起导致被狂风刮走。

（3）在野外也可以用腰带或结实的绳子把自己绑在坚固的地面附属物上，尽量不要靠近电线杆、高压塔，以免倒塌后触电或砸伤。

（4）台风在沿海地区可能会引起巨浪，淹没周围的村镇，因此尽量逃往高处，或较高的建筑物。

（5）台风的速度很快，因此不能有侥幸心理开车逃命，大的台风掀翻一辆大型货车易如反掌。

4. 龙卷风

龙卷风是一种威力非常强大的旋风，多发生在春季。龙卷风往往来得十分迅速、突然，还伴有巨大的声响。它的破坏力极强，能够把所经过地区的沙石、树木、庄稼，甚至海中的鱼类、仓库中的货物卷入高空，对人民的生命财产威胁极大。在龙卷风袭来时，怎样有效地保护自己呢？

（1）龙卷风袭来时，应打开门窗，使室内外的气压得到平衡，以避免风力掀掉屋顶，吹倒墙壁。

（2）在室内，应该保护好头部，面向墙壁蹲下。

（3）在野外遇到龙卷风，应迅速向龙卷风前进的相反方向或者侧向移动躲避。

（4）龙卷风已经到达眼前时，应寻找低洼处趴下，闭上口、眼，用双手、双臂保护头部，防止被飞来物砸伤。

（5）乘坐汽车遇到龙卷风时，应下车躲避，不要留在车内。

5. 雷电

雷电是常见的自然现象，它实质上是天空中雷暴云中的火花放电，这种放电时产生的光是闪电，闪电使空气受热迅速膨胀而发出的巨大声响是雷声。雷雨天容易遭受雷击，致人受伤甚至死亡。避免雷击应当做到：

（1）在外出时遇到雷雨天气，要及时躲避，不要在空旷的野外停留。

（2）雷电交加时，如果在空旷的野外无处躲避，应该尽量寻找低凹地（如土坑）藏身，或者立即下蹲、双脚并拢、双臂抱膝、头部下俯，尽量降低身体的高度。如果手中有导电的物体（如铁锹、金属杆雨伞），要迅速抛到远处，千万不能拿着这些物品在旷野中奔跑，否则会成为雷击的目标。

（3）遇到雷电时，一定不能在高耸的物体（如旗杆、大树、烟囱、电线杆）下站立，这些地方最容易遭遇雷击。

6. 洪水

一个地区短期内连降暴雨，河水会猛烈上涨，漫过堤坝，淹没农田、村庄，冲毁道路、桥梁、房屋，这就是洪水灾害。发生了洪水，如何自救呢？

（1）受到洪水威胁，如果时间充裕，应按照预定路线，有组织地向山坡、高地等处转移；在措手不及，已经受到洪水包围的情况下，要尽可能利用船只、木排、门板、木床等，做水上转移。

（2）洪水来得太快，已经来不及转移时，要立即爬上屋顶、楼房高屋、大树、高墙，做暂时避险，等待援救。不要独自游水转移。

（3）在山区，如果连降大雨，容易暴发山洪。遇到这种情况，应该注意避免渡河，以防止被山洪冲走，还要注意防止山体滑坡、滚石、泥石流的伤害。

（4）发现高压线铁塔倾倒、电线低垂或断折，要远离避险，不可触摸或接近，防止触电。

（5）洪水过后，要服用预防流行病的药物，做好卫生防疫工作，避免发生传染病。

7. 泥石流

泥石流来临时怎样逃生？

（1）立刻向与泥石流成垂直方向的两边的山坡上爬，或立刻向河床两岸高处跑。跑得越快、爬得越高越好。

（2）来不及奔跑时要就地抱住河岸上的树木。

注意，一定不要：

（1）往泥石流的下游方向逃生。

（2）顺着泥石流方向奔跑。

8. 滑坡和崩塌

当你不幸遭遇山体滑坡和崩塌时，首先要沉着冷静，不要慌乱。然后采取必要措施，迅速撤离到安全地点。

（1）迅速撤离到安全的避难场地。避灾场地应选择在易滑坡和崩塌的两侧边界外围。遇到山体崩滑时要朝垂直于滚石前进的方向跑。在确保安全的情况下，离原居住处越近越好，交通、水、电越方便越好。切忌不要在逃离时朝着滑坡和崩塌方向跑。更不要不知所措，随滑坡和崩塌滚动。千万不要将避灾场地选择在滑坡和崩塌的上坡或下坡。也不要未经全面考察，从一个危险区跑到另一个危险区。同时要听从统一安排，不要自择路线。

（2）跑不出去时应躲在坚实的障碍物下。遇到山体崩滑，当你无法继续逃离时，应迅速抱住身边的树木等固定物体。可躲避在结实的障碍物下，或蹲在地坎、地沟里。应注意保护好头部，可利用身边的衣物裹住头部。立刻将灾害发生的情况报告相关政府部门或单位，及时报告对减轻灾害损失非常重要。到滑坡和崩塌多发地区旅游，要注意险情发生。外出旅游时一定要远离滑坡和崩塌多发区。野营时避开陡峭的悬崖和沟壑，避开植被稀少的山坡。非常潮湿的山坡也是滑坡和崩塌的可能发生地区。

（3）滑坡和崩塌停止后，不应立刻检查情况。因为滑坡和崩塌会连续发生，贸然到现场，可能会遭到第二次滑坡和崩塌的侵害。只有当滑坡和崩塌已经过去，房屋远离滑坡和崩塌，确认安全后，方可进入。

（4）及时清理疏浚，保持河道、沟渠通畅。做好滑坡和崩塌地区的排水工作，可根据具体情况砍伐随时可能倾倒的危树和高大树木。

（5）公路的陡坡应削坡，以防公路沿线滑坡和崩塌。

安全小故事

2008 年 5 月 12 日，汶川发生了特大地震！

用生命上完最后一课

地震中，四川省德阳市东汽中学教学楼坍塌。在地震发生的一瞬间，该校教导主任谭千秋双臂张开趴在课桌上，身下死死地护着 4 个学生，至死不曾折腰。最后，4 个学生获救了，谭老师却不幸遇难。

5 月 14 日，张关蓉擦拭丈夫谭千秋的遗体，她怎么也没想到，人们所说的救下 4 个学生的英雄竟然是她心爱的丈夫。在地震发生前，谭千秋正在为学生们上课，这节课，被他的学生们称为最完美的一课。

摘下翅膀，送你飞翔

当汶川县映秀镇的群众徒手搬开垮塌的镇小学教学楼的一角时，被眼前的一幕惊呆了：一名男子跪扑在废墟上，双臂紧紧搂着两个孩子，像一只展翅欲飞的雄鹰。两个孩子还活着，而“雄鹰”已经气绝！由于紧抱孩子的手臂已经僵硬，救援人员只得含泪将之锯掉才把孩子救出。

这名男子是该校 29 岁的老师张米亚。“摘下我的翅膀，送给你飞翔。”多才多艺、最爱唱歌的张米亚老师用生命诠释了这句歌词，用血肉之躯为他的学生牢牢把守住了生命之门。大地震中，张老师的妻子、同是该校老师的邓霞和他们不满 3 岁的儿子也被垮塌的房屋深埋……

最后短信“妈妈爱你”

有一个母亲，救援人员发现她的时候，她已经死了，是被垮塌下来的房子压死的，透过那一堆废墟的间隙可以看到她死亡的姿势，双膝跪着，整个上身向前匍匐着，双手扶地支撑着身体，有些像古人行跪拜礼。

救援人员从废墟的空隙伸手进去确认了她已经死亡，又冲着废墟喊了几声，用撬棍在砖头上敲了几下，里面没有任何回应。当救援人员走到下一个建筑物的时候，救援队长忽然往回跑，边跑变喊“快过来”。他又来到她的尸体前，费力地在她的身下摸索，他摸了几下后高声地喊：“有个孩子，还活着！”

经过一番努力，人们小心地把挡着她的废墟清理开，在她的身体下面躺着她的孩子，包在一个红色带黄花的小被子里，有三四个月大，因为母亲身体庇护着，他毫发未伤，抱出来的时候，他还安静地睡着，他熟睡的脸让所有在场的人感到很温暖。

随行的医生过来解开被子准备做检查，发现有一部手机塞在被子里，医生下意识地看了下手机屏幕，发现屏幕上是一条已经写好的短信：“亲爱的宝贝，如果你能活着，一定要记住我爱你！”看惯了生离死别的医生在这一刻落泪了。手机传递着，每个看到短信的人都落泪了！

悲痛女孩与沉默士兵

撕心裂肺，莫过于生离死别。一位十来岁的小姑娘因失去亲人，想要钻入掩埋现场。空降兵士官李武一面阻拦她进入，一面好言好语安抚她。小姑娘情绪失控，抓起李武的胳膊猛咬，还拔出衣服上一枚胸针，对着他的胳膊狠狠扎了下去。鲜血迅速染红了他整条胳膊。

但李武就像没有感觉一样，继续安慰着小姑娘，脚下还是一步不退。在场的所有老百姓都被这一幕惊呆了，有的当场就哭出声来。一位老大爷走出人群，轻轻拉起小姑娘，“孩子啊，叔叔的心也疼着啊，我们回家吧。”

小姑娘凝视着李武汗流满颊的面容，止住了哭泣，默默随着老大爷向后退去……

李武后来告诉笔者，“当时真正痛的不在手上而在心里，小小年纪一下子失去了父母，能不伤痛吗？只要我的伤痛能减轻她的一点伤痛，那就让她咬吧！”

“我还能再救一个！”

在一幢大楼下的抢救行动的关键时刻，突然余震发生了，随时有可能发生再次坍塌，再进入废墟救援十分危险，几乎等于送死，当时的消防指挥下了死命令，让钻入废墟的人马上撤出来，等到坍塌稳定后再进入，然而此时，几个刚从废墟出来的战士大叫又发现了孩子。

几个战士转头又要往里钻，这时坍塌发生了，一块巨大的混凝土块眼看就在往下掉，那几个往里钻的战士马上被其他战士死死拖住，最后，废墟上的战士们被人拖到了安全地带。一个刚从废墟中救出一个孩子的战士跪下来大哭，对拖着他的人说："你们让我再去救一个，求求你们让我再去救一个！我还能再救一个！"

看到这个情形所有人都哭了，然而所有人都无计可施，只能眼睁睁地看着废墟第二次坍塌。

汶川地震救援时期，这样真实的故事实在太多太多！无法全部列出。这些跟我们一样渺小的人，在灾难面前，甘愿献出自己唯一而宝贵的生命，他们的精神值得我们永远传扬！

提升训练

1. 和同学互相演练地震来临时如何自救。
2. 了解各种灾难自救常识。

安全小贴士

公共事件危害大，安全意识不能差。

第二节　远离毒品

根据我国刑法的规定，毒品是指鸦片、海洛因、甲基苯丙胺（冰毒）、吗啡、大麻、可卡因以及国家规定管制的其他能够使人形成瘾癖的麻醉药品和精神药品。这里列举的六种毒品仅是国际上常见的、大量泛滥的毒品，但毒品却不仅限于这六种。本节从吸毒对社会的危害、对身心的危害、对人体的危害入手，深入剖析为什么会有人选择吸毒以及如何远离毒品。

案例分享

【案例 1】

某中职高二学生李某，无意间碰到原来的一个邻居，那个邻居其实是个毒贩。李某被毒贩拖着进了饭馆，两扎啤酒下肚，二人无话不谈。毒贩给了李某一支装有毒品的香烟，李某吸完后感到有些不舒服。毒贩告诉李某这是专门为男性制造的香烟，有强身的功效。两人第二次见面时李某又抽了一支“强身烟”，感觉似乎不错。这样，毒贩在两个星期里不断免费提供“强身烟”给李某，直到李某成瘾，自己掏腰包买“烟”。李某从此成为这个毒贩的固定“客户”。

有对毒贩子夫妇利用赊账供毒的方式，诱骗了 76 名青少年吸毒成瘾，不但榨干了他们的钱财，还致使其中 4 人因吸毒过量而死亡。

【案例 2】

因为好奇步入“毒”途

北京的花季少女刘某，一向活泼好学，还是年级的团干部。她知道自己的一位同学吸毒之后非常好奇，从打听同学吸毒后的感受开始，逐渐产生了试一试的想法，最后，也尝试吸毒。第一次吸毒后，她的感觉并不好，她详细地在日记中记录了当时的感觉。但是，第二次、第三次之后，就再也无法控制自己。结果，在不到一年的时间里，她辍学出走，为筹集毒资进了歌舞厅，直到被送进强制戒毒所。

案例反思

涉毒的青少年至少犯了三个错误：一是缺乏警觉戒备意识，对诱惑未能提高警惕，轻信谎言而断送了大好前程，甚至丧失了宝贵的生命；二是发现自己吸毒后，缺乏主见，意志薄弱，没能及时向父母、老师求助；三是没有向公安机关报告，使毒贩逍遥法外，危害社会。

安全讲堂

毒品对人类社会的危害极大，不仅摧毁人的意志、人格及良知，严重危害健康，而且使人犯罪，是社会不安定的重要因素。吸毒使人道德泯灭，人格变异，不顾念亲情，抛却社会责任感，以致许多家庭妻离子散，骨肉相残。同学们，让我们珍爱生命，远离毒品。

一、毒品及其危害

1. 吸毒对社会的危害

（1）对家庭的危害：家庭中一旦出现了吸毒者，家便不能称其为家了。吸毒者在自我毁灭的同时，也在毁害自己的家庭，使家庭陷入经济破产、亲属离散，甚至家破人亡的困难境地。

（2）对社会生产力的巨大破坏：吸毒首先导致身体疾病，影响劳动能力；其次是造成社会财富的巨大损失和浪费。

（3）毒品活动扰乱社会治安：毒品活动加剧诱发了各种违法犯罪活动，扰乱了社会治安，给社会安定带来巨大威胁。

2. 吸毒对身心的危害

无论用什么方式吸毒，对人的身体都会造成极大的损害。

（1）生理依赖性。

毒品作用于人体，使人体体能产生适应性改变，形成在药物作用下的新的平衡状态。这是由于反复吸毒所造成的一种强烈的依赖性。一旦停掉药物，生理功能就会发生紊乱，出现一系列严重反应，称为戒断反应，使人感到非常痛苦。吸毒者为了避免戒断反应，就必须定时吸食毒品，并且不断加大剂量，使吸毒者终日离不开毒品。

（2）精神依赖性。

毒品进入人体后作用于人的神经系统，使吸毒者出现一种渴求用药的强烈欲望，驱使吸毒者不顾一切地寻求和使用毒品。一旦出现精神依赖后，即使经过脱毒治疗，在急性期戒断反应基本控制后，要完全康复到原有生理机能往往需要数月甚至数年的时间。更严重的是，对毒品的依赖性难以消除。这是许多吸毒者一而再、再而三复吸毒的原因，这也是世界医药学界尚待解决的课题。

（3）毒品危害人体的机理。

我国目前流行最广、危害最严重的毒品是海洛因，海洛因属于阿片类药物。在正常人的脑内和体内一些器官，存在着内源性阿片肽和阿片受体。在正常情况下，内源性阿片肽作用于阿片受体，调节着人的情绪和行为。人在吸食海洛因后，抑制了内源性阿片肽的生成，逐渐形成在海洛因作用下的平衡状态，一旦停用就会出现不安、焦虑、忽冷忽热、起鸡皮疙瘩、流泪、流涕、出汗、恶心、呕吐、腹痛、腹泻等。这种戒断反应的痛苦，促使吸毒者为避免这种痛苦而千方百计地维持吸毒状态。冰毒和摇头丸在药理作用上属中枢兴奋药，毁坏人的神经中枢。

二、为什么戒毒难

1. 心瘾的根源

吸毒一时快乐，戒毒终身痛苦。戒毒为什么难戒，根源有二：一是吸毒所产生的幻想快感让人难以忘掉，当毒素在体内仍然存在的时候，这种记忆在大脑中会不断闪现、出现，让人回味，让人欲舍不得；二是毒瘾发作时所产生的痛苦非常人所能忍受。二者痛苦并快乐着的感受是多数人难以戒断的根本原因。

2. 复吸的原因

很多人之所以停吸一段时间后又复吸，根本原因就是未清除体内毒素，未能切断毒素在大脑中的活动，无法消除记忆，最后在幻想快感的诱惑下再次复吸。

3. 根治心瘾的途径

快速止住毒瘾发作时的痛苦，清除体内积聚的毒素，抹去大脑中毒素记忆，这三种途径同时进行才能根治心瘾。

三、为什么有人会吸毒

根据调查，导致吸毒的原因主要有以下几种：

(1) 好奇心驱使。在调查报告中占第一位的原因是“体会感觉”“抽着玩玩”“试一试”“尝新鲜”。这种“试一试”的念头往往就是走上吸毒不归路的开端。

(2) 寻找刺激。吸毒时髦、气派、富有，特别是一些先富起来的个体老板，认为该享受的全体验过了，抽一口，不枉来一世。只要一抽上，富有很快就变成贫穷，百万富翁沦为乞丐多不胜数。

(3) 逆反心理。有人想为吸毒者作戒毒榜样，导致吸毒后戒不了；有人被激将而吸毒，特别是个性极强的人往往被自信心所蒙蔽。

(4) 被欺骗、引诱。不少吸毒者是在毫不知情的情况下被欺骗吸毒，吸几次后找到了快感而无法自拔。不少毒贩为扩大毒网，经常利用青年学生的无知多方引诱。

(5) 环境影响。多见于家庭亲友影响，所谓近墨者黑。

(6) 负面生活事件影响。对于感情脆弱、意志薄弱的人更容易发生。夫妻感情不和、失恋、父母离异、事业受挫、经营破产、失业待业等引起的苦闷、情绪低落，以毒麻醉，解脱苦恼。

(7) 医源性成瘾。由于国家对于麻醉品控制较多，现在医源性药物成瘾已不多见。

四、怎样防范吸毒

(1) 带眼识人。远离一些不正当的朋友，避免去一些鱼龙混杂的场所。

(2) 在外面时，不要轻易接受他人递过的食物，尤其是已开封过的食物（如打开的饮料等）。

(3) 注意自己的行为举止及兴趣爱好。

(4) 如果感觉自己有类似吸毒症状，及时与有关部门联系。

安全小故事

一位吸毒者的自述

上海市强制隔离戒毒所在押戒毒人员刘某讲述了他的故事。回首吸毒的经历，他痛彻心扉，泪流满面，追悔莫及。从第一次玩酷、好奇，无知无畏地吸上第一口，罪恶的毒品不断诱他深陷，不能自拔。

刘某的家庭经济条件优越，在读大学时第一次接触毒品，那是上海一所很好的大学，以下是他的自述。

同学说“那个”能让人身心愉悦，做事专注。那时候正好备考英语六级，要多看书，就吸了。后来发现原来身边挺多同学吸这个，有的在租来的房间吸，有的在酒店里吸，吃饭时也会交流一些吸毒的经历，比如每次玩多长时间，玩多少克，几天玩一次……就像在谈当下一个很流行的东西，所以我对它的危害也没在意。

吸食完冰毒以后，精神非常亢奋，也没有饿的感觉，可以三四天不吃东西。但是冰毒主要是损伤神经，吸过之后总会疑神疑鬼，感觉后面有人跟踪，想谋害自己，看到两个人在小声说话，就会疑心他们在说自己。冰毒对牙齿和头发也不好，我掉了半颗牙，因为总觉得有个东西卡在里面，时不时就想用牙签或其他东西去捅、刮，其实里面什么也没有……进来以后，我才知道可怕，有些年纪大的一口牙已经掉光了。

我也知道这样不好，特别是大学毕业时，父亲让我去他的公司，我想如果让别人知道了，不太好跟家里人交代，就努力戒掉了。戒毒的时候很难受，起初食量非常大，而且非常嗜睡，一睡就是二十多个小时，甚至三十多个小时，起来之后仍旧浑浑噩噩的，很疲惫。这样持续了两周左右。

吸毒和戒毒的时候整天慌慌的，想各种谎言搪塞家人。家里人问，怎么不吃东西

啊？我就借口说最近不饿；要是吃得多了，我就说最近锻炼身体。我家里管教一直挺严的，父亲直到现在都觉得我吸毒是件难以接受的事。

那天民警敲门的时候，我母亲问什么事情，民警就问我有没有在家。我母亲一愣。然后他们直接就到家里面来，说需要调查，让我配合一下。然后说你儿子可能涉嫌吸毒。母亲很震惊，说怎么会有这种事情？她没有痛哭流涕，因为难以置信。我父母觉得他们的儿子不可能去触碰这些东西。

我走时很平淡地对他们说了一句“可能是有”，当时有侥幸心理，因为抓我的时候我已经有一周没有碰毒品，母亲当时就挺急的。

我自己也很震惊，说实在的，我也怕，因为无法想象自己要在一个地方关两年。当民警让我签下这个单子的时候，我晕一下，突然浑身就软了，觉得自己犯了一个严重的错误，对不起父母。

我想过，出去以后要努力让生活变得充实，生活充实了，就不会再去想这些东西了。有些人出去后，觉得生活空荡荡的，就会一而再、再而三地碰它，然后又会进来。我最担心的是两年后出去，会与社会脱节，因为这个社会变化太快了。

提升训练

1. 你知道的毒品名称有哪些？
2. 学生分小组分别表演情景剧、相声等，表达毒品给人们生活所带来的严重影响。

安全小贴士

用平安祝福校园的今天，用平安打造校园的未来！

健康安全

第一节　远离不良习惯

中职生这个年龄阶段充满朝气和活力，有很强的学习能力，但是对未知的社会也充满了幻想，甚至有许多孩子因为猎奇心理，过早地吸烟、喝酒、上网、熬夜、使用劣质化妆品、穿奇装异服等，这些不良习惯在中职学生中普遍存在。由于中职生身体尚未发育成熟，所以这些不良习惯会影响同学们的身体健康，影响学习生活，严重的有同学因为抽烟、酗酒而危害生命甚至走上犯罪的道路。“前车之鉴，后事之师”，本章着重介绍吸烟、喝酒、上网、熬夜、使用劣质化妆品、穿奇装异服等行为的危害，希望同学们能引以为戒。

案例分享

17 岁的何某是一名职高学生。他为人豪爽，很有组织能力，在同学中很有人缘。担任班长的何某，什么都好，就是有吸烟的毛病。小时候看到父亲吸烟，他也模仿父亲的样子偷偷吸烟，于是就有了点瘾。母亲发现后也没当一回事，只是说：“你还小，以后别抽了！”

一天晚上，他去同学王某家玩，喝了点酒后，特别想抽烟。可是身边没有烟，也没钱买。于是，两人决定出去“借”点钱买烟。他们在街上到处溜达，寻找“借”钱的目标，最后锁定在路边绿化带的僻静处谈恋爱的一对青年男女。何某上去揪住男青年的衣领说：“哥们儿，借点钱花。”王某二话没说，上去就翻他衣兜。女青年被吓得说不出话，男青年一边反抗一边嚷：“没钱！放开我！”双方扭打起来。何某害怕招来警察，急得直冒汗，突然发现路边有一根铁钎子，他顾不得多想，抄起来就扎向男青年的胸部，男青年当场栽倒在地。被送到医院后，虽经全力抢救，终因失血过多死亡。

面对法官时，何某和王某一脸茫然，想不明白为什么只是想弄点钱买盒烟，怎么会变成这样。因犯抢劫罪和故意伤害（致死）罪，他们付出了青春的代价，何某被判处无期徒刑，王某被判处有期徒刑 15 年。

发生这样的悲剧就是因为对于何某小时候的吸烟行为，家长没有进行严令制止，致使他逐渐吸烟成瘾。当烟瘾来时，因为没有经济来源，就走上了抢劫的道路，最后因故意伤害（致死）罪被判无期徒刑。本是花季少年，却要从此在监狱中度过人生，错在谁呢？

案例反思

中职生吸烟现象在许多学校是存在的，并且这种现象在数量上有不断上升的趋势。在中职生的违反校纪校规的情况中，因吸烟导致违纪的人数占很大比例，而且吸烟常与酗酒、赌博、盗窃、打架甚至抢劫等现象伴随，对自己、他人和社会都造成极大的伤害，引起家长、学校、社会的困惑与不安。案例中的何某和王某不就是因为犯了烟瘾，去抢钱买烟而导致他人死亡，触犯了法律，锒铛入狱而无法度过快乐的青春时光了吗？面对中职生吸烟现象，学校从管理层到班主任，都制定了相关的纪律要求，但学生在厕所、宿舍、教室、校园、街道等场所吸烟的现象屡禁不绝。

中职生仍处于生长发育的关键时期，各生理系统、器官的发育不成熟，对外界环境有害因素的抵抗力弱，好奇心重，模仿性强，一旦有吸烟问题，会危害到身心的健康发育、成长。吸烟是影响同学们学业和身心健康的不良习惯，希望同学们能够通过学习，意识到它的危害性，自觉抵制，从而安全、健康、快乐地成长！

安全讲堂

在校学习和日常生活中的我们都要注意培养良好的生活习惯，身体才会健康，生活才会愉快！但是也有些不良的生活习惯严重地影响了正在成长发育的青少年的身心健康，有哪些习惯对青少年有害呢？应该如何避免呢？现在我们共同来探讨一下。

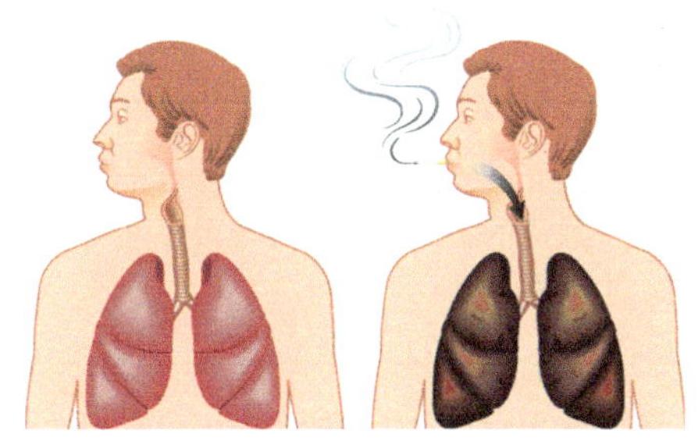
吸烟前　　吸烟后

一、吸烟的危害

吸烟有害健康，这是人人皆知的常识，就连香烟盒上也写着这样的警示语。可是校园里正值青春年少的学生染上吸烟恶习的现象却有所增加。研究发现：几乎一半的长期使用烟草的烟民死于吸烟有关的疾病，他们至少减寿 10～15 岁。有两个典型的例子很能说明问题：英国一个长期吸烟的 40 岁健康男子，因从事一项十分重要的工作，一夜吸了 14 支雪茄和 40 支香烟，早晨感到难受，经医生抢救无效死去。另一个例子是：法国一个俱乐部举行吸烟比赛，优胜者吸了 60 支烟，未来得及领奖即死去，其他参加比赛者都因生命垂危到医院抢救。

同学们应该对香烟的危害性有个正确、全面的认识，才能自觉抵制香烟的诱惑。

1. 烟草烟雾中的有害成分及其危害

吸烟者吸食香烟的过程，使烟草在不完全燃烧过程中发生一系列的化学反应，形成大量新的物质，其化学成分很复杂，从烟雾中分离出的有害成分达 3 000 余种，其中主要有毒物质为尼古丁（烟碱）、焦油、一氧化碳、氢氰酸、氨及芳香化合物等（见表 7－1）。

表 7－1　烟草中的主要有害成分及其危害

成分	危害	实例
尼古丁	难闻、味苦、无色透明的油质液体，在空气中极易氧化成暗灰色，通过口、鼻、支气管黏膜很容易被机体吸收，是一种会使人成瘾的物质。	实验表明：一支香烟中的尼古丁可毒死一只小白鼠；5 支香烟中的尼古丁可毒死一条金鱼；20 支香烟中的尼古丁可毒死一头牛。

续前表

成分	危害	实例
焦油	由几种物质混合组成，在肺中会浓缩成一种黏性、能致癌的物质。这也是导致慢性支气管炎和肺气肿的主要原因。	一个每天吸15～20支香烟的人，其患肺癌、口腔癌或喉癌致死的概率，要比不吸烟的人大14倍。
一氧化碳	非常容易与红细胞中的血红蛋白结合，使红细胞降低携氧能力，从而加重心脏的负担。	导致心脏病的发作，严重的会导致人的死亡。

吸烟产生的有毒物质很多，可以用下图加以直观地展示：

2. 中职生应自觉抵制香烟的诱惑

我国《未成年人保护法》明确规定，禁止向未成年人出售烟酒；《中等职业学校学生公约》明确要求中职生“不抽烟酗酒”。这是从学生的身心健康上关心、爱护学生。

(1) 从生理上：中职生仍处在长身体的青春期阶段，身体各器官系统还没有发育成熟，对香烟烟雾危害的抵抗力还比较弱，容易遭受香烟烟雾的伤害。据研究：青少年吸烟成瘾可能引起思维过程的严重退化和智力功能的损伤，严重的会导致思维中断和记忆力障碍，吸烟者的联想、记忆、想象、计算、辨认力、智力效能比不吸烟者减低10%左右，而且注意力难以集中。

(2) 从经济上：中职生的首要任务是学习而不是赚钱，在经济上完全依赖于父母的支持，并不具备独立自主、自食其力的能力。吸烟的学生一旦发生“经济危机”，往往会采取一些非法的手段，如偷家里的或他人的烟与钱，甚至不惜抢劫、敲诈勒索，做出违法乱纪的行为。

(3) 从道德上：吸烟不但危害身体健康，还污染空气，损害周围人群的健康。可以说，在公共场所吸烟是很不道德的行为。

目前，青少年吸烟已成为我国一个不容忽视的社会问题。据调查，假设从 15 岁开始吸烟，每天平均吸 5 支香烟。按照我国公民平均寿命 75 岁计算，一个烟民一生将吸掉 10 万多支香烟。

同学们，如果不远离香烟，你一生中吸掉的香烟将对你的身体健康产生多大的伤害？世界卫生组织曾报告说：90%的肺癌、75%的肺气肿和 25%的冠心病都与吸烟或被动吸烟有关。为了你和他人的健康，请自觉抵制香烟的诱惑吧！

二、喝酒的危害

我国《未成年人保护法》规定，父母或其他监护人应当预防和制止未成年人吸烟、酗酒。《预防未成年人犯罪法》规定，任何经营场所不得向未成年人出售烟酒。

少男少女正处于青春叛逆期，在这样一个生理心理发育的特殊阶段，不正常的心理因素导致或助长了个别青少年饮酒。饮酒对身体和心理发育危害极大。

青少年饮酒的六大危害：

(1) 酒精的使用影响到饮酒青少年的身体健康、学校功课或工作表现，影响到处理愤怒、焦躁或沮丧等情绪感觉的能力；同时也影响到自己与家人、朋友沟通的能力。

(2) 青少年发育尚未完全，各器官功能尚不完备，对酒精的耐受力低，肝脏处理酒精的能力差，因而更容易发生酒精中毒及脏器功能损害，可能埋下肝硬化、胃癌等疾病隐患。经常饮酒，容易患酒精中毒性肝炎和脂肪肝，最终发展为肝硬化。常饮烈性酒的人 70%患慢性胃炎，50%患消化不良症，并且会诱发食管癌、胃癌、胰腺癌等。长期饮酒，可引起营养和代谢失调，造成蛋白质、维生素及矿物质供应不足，损害牙齿，影响青少年的生长发育。

（3）酒精对人的中枢神经系统的危害最严重，对中枢神经系统的作用是先兴奋抑制。如果饮酒过多，就会脸红，乱说话，站立不稳以至醉倒、呕吐等。随之昏睡，面色苍白，血压下降，最后陷入昏迷，严重的还可以引起呼吸困难、窒息，造成酒精中毒死亡。青少年由于视神经尚未发育完善，当酒精血浓度过高时，可引起严重视力减弱，甚至发生复视。酒精不仅能让神经反射的速度显著减慢，而且对脑细胞损害也相当大，对大脑发育极为不利，造成学习效率降低，在体育比赛中难以创造出理想的成绩，还容易发生意外事故。

（4）青少年饮酒，还容易引起肌肉无力，性发育早熟。女孩还容易未老先衰。

（5）长期饮酒会使人的身体系统对酒产生依赖。如果在饮酒的同时因病服食抗生素，会有生命危险。

调查表明，青少年吸烟和饮酒行为互相作用，因为烟中的尼古丁能溶于酒精，使人体内的尼古丁含量更高，危害也更大，有这种习惯的人极容易患喉癌。

（6）青少年神经系统还较稚嫩，自制能力差，酒后易行为失控，容易产生某些心理疾病，如心理脆弱或者智力缺陷，经常饮酒者大约15%可发展为各种精神病。青少年饮酒还可能诱发各种事故甚至危及生命，如与人争斗、擅自驾车等。交通事故一半以上与饮酒有关。

三、熬夜对身体的危害

有些青少年贪恋网络，玩手机、上网熬夜的比较多，熬夜对人体的伤害非常大，能使年轻力壮的身体轰然倒塌。那么熬夜到底有哪些危害呢？

（1）经常熬夜用手机、电脑看视频、聊天、玩游戏，也是在超负荷用眼，“黑眼圈”“大眼袋”仅仅是对眼睛的表面伤害，更重要的是，长期熬夜、超负荷用眼，导致视力功能性减退，甚至导致白内障、失明等疾病。

（2）经常熬夜的人，会引起消化酶的分泌规律紊乱，降低了消化功能，进而导致腹胀、腹痛、食欲不振、便秘等症状。

(3) 熬夜会导致人体生物钟紊乱，出现睡眠质量差，多梦易醒，神经衰弱等问题，严重的甚至会引发顽固性失眠疾病。

(4) 熬夜会提高患癌风险。长期熬夜会导致人体内分泌功能紊乱，使得细胞代谢出现异常，导致细胞的突变，从而使患癌概率提高。

(5) 肝脏是人体重要的“化工厂”，熬夜会影响肝脏功能，使人体代谢异常，日久会出现皮肤问题，如黑斑、痤疮。

(6) 损伤肠胃。熬夜的人，剥夺了肠胃休息的机会，极易导致胃炎和肠胃消化不良等问题。尤其是有些人喜欢在熬夜的时候吃东西，会加重胃的负担，引起胃痛。

人体内有个生物钟，使人们遵循自然界的规律，“日出而作，日落而息”。现代医学也认为，晚上 11 时到第二天早上 6 时这段时间，是睡眠的“黄金 7 小时”。

四、青少年化妆的危害

有一些青少年学生使用化妆品，在假期或者在校上学期间偷偷把自己涂抹得“姹紫嫣红”，唇膏、眼影、指甲油等“十八般武器”悉数上场，或为彰显个性把自己的头发染得五颜六色。

让我们用科学的放大镜看看这美丽背后隐藏着何种危机，尤其是化妆品对青少年生长发育有哪些影响。

1. 化妆品对全身各系统的潜在危害性

化妆品是日用化学产品，常见的添加剂有香料、防腐剂、色素、水溶性高分子化合物、表面活性剂、保湿剂、化妆品用药物、金属离子螯合剂和其他成分。这些特殊添加剂都可由表皮吸收，再到真皮，最后到皮下组织。而那些金属化学分子，进入体内被氧化以后，有毒副作用进而损害人体器官。

化妆品中这些元素及其他化合物的含量可能已经超标，但是单凭我们的肉眼是很难看出来的，即使超标几万倍，闻起来也只会有点刺鼻。因此，长期使用此类化妆品，毒素就会在人体内形成蓄积，造成严重危害，其中最重要的是汞、铅、砷等重金属含量的超标（见表 7-2）。

表 7-2　化妆品中对人体有危害作用的成分

成分	形态	危害	相关化妆品
汞	常温下以液态形式存在的金属	中枢神经系统的不良反应，如失眠乏力，记忆力不好，特别是情绪的变化非常明显。	各类美白、祛斑产品等
铅	离子态	1.导致未成年人多动、睡眠不良、精力不集中，而且还会造成智力低下、神经衰弱。 2.食欲不振甚至肝功能受损。 3.伤害造血系统、生殖系统。	护肤霜、粉底、唇膏等
砷	氧化物，俗称砒霜，对蛋白质及多种氨基酸均具有很强的亲和力	1.引起神经系统的改变，如手脚麻木、四肢无力、疼痛等症状。 2.皮肤上可能还有黑变，色素沉着。 3.诱导皮肤发生肿瘤，造成皮肤癌。	各类美白、祛斑产品等
邻苯二甲酸酯	化妆品的芳香成分也含有该物质	1.增加女性患乳腺癌的概率。 2.影响男性生殖系统。	指甲油、头发喷雾剂、香皂和洗发液等

2. 化妆品导致皮肤、毛发的不良反应（见表 7－3）

表 7－3 化妆品导致皮肤、毛发的不良反应

<table>
<tr><th>种类</th><th>原因</th><th colspan="2">现象及危害</th><th>方法</th></tr>
<tr><td>化妆品接触性皮炎</td><td>敏感机体接触某种化妆品后发生的皮肤过敏反应</td><td>使用化妆品后，皮肤发红，出现一些小疹子，甚至水肿，严重时也可导致哮喘发作。</td><td rowspan="3">色斑、粉刺、痤疮或化妆品引发的其他疾病等一旦形成，难以消退，会严重影响青少年的容貌及身心健康。</td><td rowspan="2">1.尽量不用化妆品，切勿用劣质化妆品；
2.发现问题，立即停用化妆品。</td></tr>
<tr><td>化妆品光感性皮炎</td><td>由化妆品中某些成分或光线共同作用引起的光毒性或光变应性皮炎</td><td>1.皮肤经光照后发红，出现皮疹、脱皮以及疼痛，甚至遗留色素沉着或色素脱失。
2.引起粉刺、痤疮。</td></tr>
<tr><td>化妆品毛发损害</td><td>应用化妆品（如染发剂）后引起的毛发损害</td><td>1.引起毛发损害，包括出现干枯、脱色、折断、分叉、变形或脱落。
2.易在体内蓄积，可诱发癌变。</td><td>青少年不要染发。</td></tr>
</table>

青少年应尽量不用或少用各种化妆品，即使使用也应该使用成分确定且经过严格检测合格的化妆品，这样才能有效避免各种不利因素对青少年生长发育的影响，从而健康快乐地成长。

五、穿奇装异服的危害

1. 穿着露脐装对身体伤害大

穿着露脐装会使腰腹部裸露，导致肚脐受寒，容易受冷热的刺激而引起胃肠功能的紊乱，易使病菌入侵，出现呕吐、腹痛、腹泻等胃肠系统疾病。由于脐部肌肤较娇嫩，易于受损，脐眼暴露在外又容易汇集污垢，如不小心也会引起感染。穿露脐装最易因受凉而使盆腔血管收缩，导致月经血流不畅，时间长了会引起痛经、经期延长、月经不调等，影响正常的生活和学习。

2. 穿紧身衣裤的危害

由于紧身衣裤的高弹性能突出曲线美，使有些热爱苗条的青少年趋之若鹜。但是紧身衣对人体健康有一定的损害。紧身衣多是由高弹性的醋纤面料制成，透气性、吸湿性较差，紧紧地绷在身上，使毛孔排汗不畅，引起闷热不适的感觉。尤其是在炎热的夏季，极易堵塞毛孔，使汗液不能排出而淤积于体内，产生痱子，或者引起皮肤过敏。

同时由于发痒而搔抓，隐藏在指甲、皮肤表面的细菌如葡萄球菌等趁机侵入毛孔，使皮肤感染化脓，引起小疖子、脓疱等。

此外，弹性不太好的紧身衣会束缚胸廓的活动，妨碍呼吸。在炎热的季节，穿着紧身衣易出现胸闷、气短、中暑等症状，甚至会影响胸廓的发育，造成胸廓的畸形，危害则更大。

3. 冬季不穿袜子露脚踝的危害

到了冬天，有些青少年追求时髦，依然是“要风度不要温度”，不穿袜子，还把脚踝露在外面，显得既另类又“时尚”。中医专家告诉我们：这么穿很有问题！脚踝承受着全身的重量，是人体比较脆弱的地方。它上面分布着淋巴管、血管、神经等近十个重要的组织，被称为人体的“第二心脏”。

中医专家列举冬季裸露脚踝的三个主要危害：

（1）脚踝暴露在外，导致人体受寒，容易感冒；

（2）低温可能伤到关节，阻碍气血循环，导致关节疼痛、局部怕冷、伸曲受阻等；

（3）裸露部位可能产生冻疮，出现局部青紫、瘙痒、溃烂等症状。

所以，建议同学们，不要为了潮流而损害了自己的健康。

提升训练

1. 烟草烟雾中有哪些有害毒物质？它们会对身体产生哪些危害？
2. 中职生应该如何抵制香烟的诱惑？
3. 青少年饮酒的六大危害是哪些？
4. 你经常熬夜吗？这样做有哪些危害？

5. 有些同学觉得化妆可以使人变美，但是劣质的化妆品中有有毒物质，你能说出来有哪些吗？会对身体造成哪些危害？

6. 有些同学喜欢赶时髦，在寒冷的天气也穿着八分裤，甚至不穿袜子裸露脚踝。这样做会对身体造成哪些危害？

安全小故事

美白的代价

王欣是一个漂亮也很爱美的中职生，和很多同龄的女孩一样，开始关注自己的容貌，喜欢用化妆品修饰自己，更喜欢用化妆品把自己的脸涂抹得白白亮亮的。让自己变得好看确实没有错，但是她却没有想到化妆品，尤其是劣质美白化妆品隐藏的危害。

有一天，王欣的眼睛和脸部一夜之间突然肿起来。随着眼睛和脸部浮肿，她感觉浑身无力，马上赶到医院检查。医生检查后，确诊了王欣为化妆品汞含量超标引起汞中毒，而且已发展成为肾病综合征。经过在知名医院 20 余天的治疗，幸好治疗及时，全身的浮肿明显消退，才顺利出院。

医学专家表示，美白、祛斑产品中大多含有汞成分，如果使用不当，可能会引起汞中毒，严重的还会导致肾脏受损。切忌购买汞超标的美白产品。

希望同学们不要乱用化妆品。中职生正值豆蔻年华，是一生中最美丽的年龄，多读书更会增添自己美丽的气质，满腹诗书气自华！

小贴士

别让吸烟、饮酒、熬夜、穿奇装异服等不良生活习惯，影响你的美丽、健康和学习！请远离不良的生活习惯吧！

第二节　饮食卫生与安全

俗话说病从口入，不健康的饮食习惯、变质有毒食品、假冒伪劣食品、没有质量检验安全标志的食品等都会给同学们的身体健康产生危害，严重的甚至会危及生命。我们要学习饮食卫生知识，学会辨别有害食品。本节重点介绍了健康的饮食习惯、有毒食品的特征及辨别方法、含有害成分的食品、食物中毒后的处理措施等知识，使同学们通过学习饮食知识，趋利避害，快乐健康地成长。

案例分享

有毒方便面

××省 8 名小学生同吃一袋方便面后出现中毒症状。与其他食品安全事件的“潜伏、隐形”相比，“吃方便面中毒”事件直接让食品安全标准“形同虚设”。

“三无”小食品

每天上学、放学，学校门口总是热闹非凡，学生们三三两两地到小卖部和一些小摊点买零食吃。只要注意观察就会发现，校园周边的饮食实在令人担忧。如：油炸食品大都摆在自制的小推车上，没有遮挡，灰尘满天，直接覆盖到了食品上；商贩为吸引食品安全辨别能力较弱的中小学生，在食物上往往添加一些非法添加剂，比如一些不允许添加的人工色素，它可以让食品更好看，也可以掩盖腐败变质现象。校外商店卖的麻辣小吃较多，一些袋装零食的外包装上只是很模糊地印上一个食品名和厂名，却没有标注具体的厂址，联系电话、生产日期更是空白，基本上都属于“三无”产品，甚至是过期产品。学生正在生长发育阶段，经常吃那些不卫生的含有化学色素、香精的食品，直接影响其发育和健康。这些摊点也会给环境带来一定的影响，学生在吃完食品后，会随便将手上的竹签、塑料袋乱丢，不仅影响周边的卫生环境，而且也会影响到市容市貌，给环境带来污染。

有毒的辣条

2012年9月，某县初一学生李某，早晨到小卖店买了食品和一袋辣条，边赶路边吃。上课半个多小时后，李某突然肚子疼痛，嘴唇发紫，浑身哆嗦，呼吸困难。到医院经及时抢救方脱离危险。经调查检验，李某吃的辣条已过期变质，并含有大量的病菌，系没有生产厂家和出厂日期、保质期的伪劣垃圾食品。

案例反思

生活中经常发生有人因饮食不当出现腹痛、腹泻，经常有媒体报道某地某单位发生食物中毒事件。同学们应注重饮食卫生、养成良好的饮食习惯，避免食物中毒给身体带来危害，学习才会更优秀，身体才会更健康，生活才会更美好。

安全讲堂

中职生正处于长身体的关键时期，饮食卫生与安全关乎每个学生的健康成长。我们要了解食品卫生常识，学会辨别并且不食用过期、变质、有毒、假冒伪劣及没有安全检验标志的食品，养成良好的饮食习惯。现在我们就一起来学习饮食卫生与安全知识吧！

一、如何注意饮食卫生与安全

1. 培养习惯，科学进餐

养成良好的饮食习惯对于促进身体发育，有着重要意义。怎样培养良好的饮食习惯呢？

（1）一日三餐，按时进餐。不吃早餐或早餐吃得不好的学生，往往在上午上完两节课后，就处于饥饿状态，而出现头晕、心慌、注意力不集中等现象，会影响学习的效果。长期这样下去，还会影响身体健康。因此学生应该吃饱、吃好早餐。午餐很关键，既要补充上午的热量消耗，又要为下午的学习和活动作热量储备，因此，午餐的热量和油脂量都应该是三餐中最高的。总的来说，每日摄入的总热量

中，早餐的热量占 30%，午餐的占 40%，晚餐的占 30%。

（2）不偏食，不挑食，不暴饮暴食。有的青少年有偏食、挑食的不良习惯，这样会造成身体内某些营养物质的缺乏而影响健康。如有的学生不喜欢吃蔬菜、水果和肉类，从而导致缺铁性贫血或某些维生素缺乏症等。有的学生在逢年过节，遇到好吃好喝的，不注意节制饮食，暴饮暴食，这样做就会引起胃肠功能的紊乱，严重的还会引起急性胃肠炎、肠梗阻等疾病，因此，要纠正偏食、挑食和暴饮暴食等不良习惯。青少年处于身体发育时期，还应该多吃一些含蛋白质、钙、磷和维生素丰富的食物。

（3）饭后不宜立即进行剧烈运动。参加体育运动能促进消化系统的功能，增进食欲。但在一定条件下，体育运动与消化之间又有一定的矛盾。如饭后立即进行剧烈的体育运动对消化有抑制作用。因为人在运动过程中，会作适应性调节，使肌肉的血液流量增大，而流经消化器官的血液量就会减少，导致胃肠蠕动减弱，消化腺的分泌能力降低，因而影响消化。经常这样做，会引起消化不良和胃肠疾病。因此，饭后不宜进行剧烈的运动。一般饭后应休息半小时到一个半小时再进行体育锻炼较为适宜。同时，进行了较长时间的剧烈运动，应该休息 20～30 分钟以后再吃饭。

2. 注重卫生，健康用膳

良好的卫生是健康的前提，在饮食卫生方面应该注意些什么呢？

（1）饭前便后要洗手，防止病从口入；

（2）不喝生水，不吃未洗净的瓜果、蔬菜；

（3）不吃过期、变质、假冒伪劣食品；

（4）不可边进餐边说话；

（5）讲究个人卫生，勤剪指甲、勤理发；

（6）不用不洁餐具；

（7）进餐时，不要面对别人咳嗽、打喷嚏，以及随地吐痰；

（8）购存的食品要防霉、防蝇、防鼠、防潮。

3. 搭配营养，合理膳食

人每天都要吃食物。食物一般分为谷类、肉类、蔬菜水果类、奶和奶制品类等。这四类食物中，谷类含淀粉多一些，肉类含蛋白质和脂肪多一些，蔬菜和水果含维生素和无机盐多一些，奶和奶制品类含蛋白质、脂肪、部分维生素和钙等。因此，为了满足人体的需要，应该进食各类食物，做到合理膳食。

4. 卫生饮水

水是六大营养素之一，是一切生命的重要组成部分，在一个成年人体重中占 60%，即使是坚硬的牙齿中也含有 10%的水。因此，每天补充一定量且卫生的水是非常重要的。

二、预防中毒，安全饮食

1. 食物中毒及其类别

食物中毒是指由于食用了被细菌污染后腐败变质的食物，或食用了被有毒化学物质污染和本身有毒的食物后而发生的以急性过程为主的疾病。

食物中毒的特征：潜伏期短，短时间内很多人同时发病，并很快形成高峰；临床表现相似，以急性胃肠炎症状多见；发病者均与某种食物有明确的联系，停止食用该种食物后，发病即停止；人与人之间不直接传染。

预防食物中毒，是饮食安全的首要任务。食物中毒的类别见表 7－4。

表 7－4　食物中毒的类别

分类		中毒原因	预防方法
细菌性食物中毒		吃了被病菌及其毒素污染的食物。	1.讲究卫生，防止细菌对食品的污染； 2.易腐食品应该进行低温保藏以防食品腐败，已腐败的食物一律不能食用； 3.外购熟食和隔顿饭菜应回锅蒸煮后，方可食用。
非细菌性食物中毒	有毒动植物食物中毒	吃了本身含有毒成分的动植物性食物。	禁止食用某些含有毒成分的动植物，如发芽的马铃薯。
	化学性食物中毒	吃了混入有毒化学物质（如农药及铅、砷、汞等）的食物。	1.严禁农药与食品同室存放； 2.严禁将有毒化学物质带到寝室中，以防误食； 3.不使用盛放或包装过有毒化学物质的容器来盛放和包装食品。
	真菌中毒	1.吃了本身含有毒素的毒蘑菇； 2.吃了被霉菌产生的毒素污染过的食物。	1.防止粮食受潮发霉，粮食蒸煮前应拣去霉粒并淘洗干净。 2.不可食用发霉变质食物。

生活中常见的易发生食物中毒的食品见表 7－5。

表 7－5　常见的有毒食品

名称	状态	图片	中毒表现或解决方法
坏鸡蛋	蛋黄散了	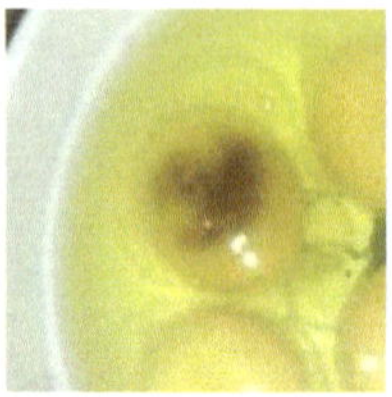 	不要食用
海产品	贝类带菌率可达 45%～90%	 	不生吃，要加热充分
亚硝酸盐	产生于不新鲜蔬菜、腌制不够充分的咸菜、熟剩菜		1.中毒主要症状为口唇、指甲及皮肤出现紫绀，并伴有头晕、头痛、呼吸急促、腹痛等。 2.勿食用。
霉变甘蔗	霉变		1.轻症：头痛、恶心、腹痛、腹泻、视力障碍。重症：出现抽搐、幻视、神志不清、昏迷、死亡。 2.勿食用。
生四季豆	生的		1.没有煮熟的四季豆，食用 1～4 小时后便会毒性发作，表现为头昏、恶心、呕吐，间或还有腹痛和腹泻症状。 2.煮熟后毒物质分解，不会引起中毒。

续前表

名称	状态	图片	中毒表现或解决方法
青番茄	未成熟的生长期番茄中碱的含量很高		1.吃了较多的青番茄会引发头昏、恶心、呕吐、流涎等中毒症状，严重者甚至可危及生命。 2.番茄变红完全成熟，毒性逐渐消失。
发芽的土豆	土豆发芽及绿色皮中含有毒物质龙葵碱		1.会出现恶心、呕吐，严重者可有发热、气促、抽搐、昏迷等急性中毒症状。 2.土豆发芽变绿后勿食用。

同学们都喜欢吃零食，零食的味道符合青少年的口味，但是有些零食和一些不合格零食中含有的有害成分、超标的添加剂都会对人体造成一定的伤害，见表 7－6。

表 7－6　食品中超标的添加剂对人体的伤害

名称	摄入过多的危害	相关食品	
人工色素	可能会造成腹泻等症状。	膨化食品、糖果等。	 
防腐剂（苯甲酸、山梨酸钾和亚硝酸盐等）	抑制骨骼生长，危害肾脏、肝脏的健康。	火腿肠、方便面、辣条、咸菜、薯片等。	 

续前表

名称	摄入过多的危害	相关食品	
糖精	带来肠胃不适，引起肝脏代谢问题。	蜜饯、雪糕、糕点以及饼干等。	
高盐、高糖	增加肾脏负担，并对心血管系统造成威胁；肥胖。	碳酸饮料、话梅、豆腐干等。	

2. 食物中毒的处理

一旦发生食物中毒事件，应启动突发卫生事件应急预案。对于学校或家庭来说，应注意以下几点：

（1）自我判断大体准则。在集体中：以多人发生（6 人以上）、同餐、同一症状即为食物中毒事件（三者缺一不可）。在家庭中或少于 6 人时：以多数人出现同一症状即是。

（2）如班级中出现多人（两人以上）同餐后出现同一症状，应报医务室。由医务人员调查、备案。

（3）立即停止供应可疑中毒食物。

（4）采用指压咽部等紧急催吐办法尽快排出毒物。

（5）如有腹痛、腹泻症状，请到有关医疗机构就诊。

（6）马上向所在地的卫生监督部门或疾病预防控制中心报告，同时注意保护好中毒现场，就地收集和就地封存一切可疑食品及其原料，禁止转移、销毁。

（7）配合卫生部门调查，落实卫生部门要求采取的各项措施。

（8）出现食物中毒事件，有关人员应配合相关部门进行调查，不得拒绝。在事件没有调查清楚之前，不得随意宣传。

总之，饮食要卫生、健康、科学、安全。只有这样，才能提高自我保健和自我保护的能力，做到“健康第一”。

提升训练

1. 养成良好的饮食习惯对于维护身体发育健康，促进身体发育有着重要的意义，请你和同学们谈谈如何培养良好的饮食习惯。

2. 食物中毒有哪些种类?

3. 生活中误食哪些食品会发生食物中毒?

4. 如何预防食物中毒?

安全小故事

都是辣条惹的祸

张帅同学和其他学生一样，喜欢吃麻辣烫、辣条等重口味的食品，尤其喜欢吃辣条。但是辣条虽然美味，吃多了也伤身。张帅同学就因此身体受到了损伤。他最近出现全身无力、体重减轻、腹部不适、牙龈出血、皮肤变黄、持续发热，甚至无法正常活动等症状。到医院检查后，医生发现其肝功能指标中的转氨酶超出正常值近30倍，胆红素也迅速升高。专家为其进行了肝穿刺病理检查、病理光镜、电镜检查结果均符合药物/化学性肝损伤特征，排除药物、化学毒物、中药、保健品等可能引起肝损伤原因，最后考虑诊断为辣条中的食品添加所致肝损伤。

辣条高油高盐，含有大量食品添加剂，其中，甜味剂和甜蜜素摄入过量会对人体肝脏和神经系统造成危害，对代谢排毒能力较弱的青少年危害更为明显，时间久了很容易吃出化学性肝损伤。如不重视，急性损伤可能发展为慢性，日积月累还会导致肝硬化、肝癌等终末期肝病。

看来食物中毒现象不只是拉稀跑肚那么简单，严重的会造成危害生命的疾病。

希望同学们日常生活中一定要控制好饮食，督促自己多吃新鲜蔬菜水果，少吃辛辣刺激油腻食物，不要随便吃街边的小食品，一旦发现自己出现倦怠、乏力等症状，一定要及时就医啊！

小贴士

加强饮食卫生，预防食物中毒，防止病从口入，才能健康快乐！

第三节　四季常见疾病的危害及预防

疾病严重影响每个人的身心健康，会给人带来痛苦和负担，严重的疾病更可能危害人的生命。本节从四季常见疾病入手，介绍不同季节容易发生的流感、传染病、肠胃疾病、中暑、冻伤等疾病的特征、预防措施等，帮助中职生树立预防疾病的意识，了解疾病危害，掌握预防疾病的基本方法，为中职生的身体健康保驾护航。

案例分享

日本一小学生户外活动后突发中暑死亡

2018 年夏季，在高气压的影响下，日本多地遭遇高温侵袭。2018 年 7 月 9 日至 15 日，日本国内共有 12 人因高温中暑死亡，9 956 人被送医救治。而在 7 月 17 日，日本爱知县丰田市又发生一起悲剧，一名 6 岁男童在参加户外活动后突发热射病死亡。

据日本《读卖新闻》7 月 18 日报道，不幸身亡的男童就读于爱知县丰田市梅坪小学。7 月 17 日上午 10 时，该校组织一年级学生前往距学校一公里左右的公园采集昆虫、花草等。

男童在前往公园途中便有些跟不上同班同学的步伐，由班主任老师牵着走。来回路上他均向老师表示“有点累了”。上午 11 时 30 分左右男童回校后，在教室与班主任老师说话时唇色发紫，很快便陷入昏迷，被紧急送往医院救治，不幸在 12 时 55 分左右去世。

男童的死因为热射病，这也是中暑症状中最严重的一种。该校另有 3 名女童身体不适，但并无生命危险。

爱知县丰田市当天最高气温为 37.3 度，并且该市从早晨起便发布高温预警警报。

案例反思

出现案例中这么严重后果的原因在于：环境气温较高时，直接影响人的正常活动。温度超过舒适温度的环境称为高温环境。29℃以上的温度对人的活动有不利影响，可认为是高温。人的中心体温在37℃以上就会感到热。当人体温达到38℃时，便会产生不舒适反应。全身性高温的主要症状为：头晕、头痛、胸闷、恶心、呕吐、视觉障碍（眼花）、癫痫样抽搐等。温度过高还会引起虚脱、肢体僵直、大小便失禁、晕厥、烧伤、昏迷，直至死亡。人体耐高温能力比耐低温能力差，当人体内部体温达42℃时，往往会引起死亡。

高温活动中所引起的急性病（中暑）通常分为三种类型：日射病、热射病和热痉挛。

日射病是由于头部受强烈的太阳辐射线（主要是红外线）的直接作用，大量热辐射被头部皮肤及头颅骨吸收，从而使颅内温度升高所致，多发生于夏季露天活动人员。主要症状为急剧发生头痛、头晕、眼花、恶心、呕吐、烦躁不安，重者可能导致惊厥、昏迷。

热射病是指因高温引起的人体体温调节功能失调，体内热量过度积蓄，从而引发神经器官受损。热射病在中暑的分级中就是重症中暑，是一种致命性疾病，病死率高。该病通常发生在夏季高温同时伴有高湿的天气。

热痉挛是指在高温环境中强体力劳动或剧烈运动后大量出汗，随汗液排出过多盐分而引起的肌肉疼痛性痉挛，需要迅速脱离高温环境，补充水盐，缓解肌肉痉挛。

安全讲堂

自然环境是人类生存的必要条件，和人类的健康密切相关。不同时间的气象变化可产生不同的健康效应，对人体产生不良影响或伤害。例如，严寒造成冻疮或冻僵。寒冷刺激器官充血，影响人体生理和代谢功能。气候条件会直接影响许多生物性病原体病毒、细菌、寄生虫等和生物性传媒如蚊、蝇、虱、钉螺等生物的生长繁殖和疾病的传染或传播。在四季不同时期，根据季节的变化，我们都应该注意疾病的预防。

一、四季常见疾病危害及预防知识

学校是人员比较密集、相对比较集中的地方，一旦出现传染性疾病比较容易传播，会对广大师生的工作和学习带来较大的影响，因此我们有必要对四季常见的疾病及其预防措施有所了解。

1. 春季常见疾病及其预防

春季是疾病特别是传染性疾病的多发季节，常见的传染性疾病包括：流行性感冒、水痘、流行性腮腺炎、风疹等（见表 7－7）。这些传染病大多是呼吸道传染病，可通过空气、短距离飞沫或接触呼吸道分泌物等途径传播。

表 7－7　春季常见传染病

名称	症状	传染源	传播途径	发病时间	措施
流感（流行性感冒）	发热、头痛、流涕、咽痛、干咳，全身肌肉、关节酸痛不适等。	流感病人、隐性感染者。	1.飞沫直接传播。 2.被病毒污染的物品间接传播。	潜伏期：1～3 日 发热期：3～4 天 传染期：1 周	1.根据病情特点，提前预防。 2.及时就医，进行有针对性治疗。
水痘	中低等发热，很快成批出现红色斑丘疹。	带状疱疹病毒引起的。	空气传播，水传播，饮食传播，接触传播，生物媒介传播等。		
流行性腮腺炎	俗称“乍腮”，发热，耳下腮部、颌下漫肿疼痛。	腮腺炎病人或隐性感染者。	病毒经过飞沫传播。	2 周左右	
风疹	疹的形状及分布与麻疹相似。	风疹病毒引起。	空气飞沫传播、日常的密切接触。	发病后 1 天到 2 天出现皮疹，5 天至 7 天和发病后 3 天至 5 天都有传染性。	1.及时就医。 2.诊断明确后，遵医嘱。一般风疹不需要特殊治疗，在家观察，做好皮肤、口腔的清洁护理，给予易消化、富有营养的流食或半流食，注意安静休息。

春季传染病虽然种类繁多，但只要我们重视预防工作，做到早发现、早隔离、早诊断、早治疗，就可以有效地阻断传染病的流行与传播。

2. 夏季常见疾病及其预防

夏季温度较高，入伏以后空气中的湿度增大，而空气中的含氧降低，会给心肺疾病或其他慢性疾病的患者造成不利影响。在高温、高湿环境中工作和运动，人体消耗较大，大家应提高防范措施，预防中暑及其他疾病的发生。夏季是肠炎痢疾、中暑、湿疹皮炎等多种疾病易发期（见表 7－8）。

表 7－8　夏季常见的疾病及其预防措施

类型	常见病	症状	危害	预防	解决方案
胃肠道疾病	急性肠炎、胃肠炎、痢疾等。	急性腹痛、腹泻、恶心、呕吐或急性高热等。	影响学习和休息，降低了身体的防御能力。	1.饭菜加热，不吃隔夜菜，少吃冷饮； 2.餐具要消毒，食物要防苍蝇、蚊虫叮咬； 3.勤洗手。	1.参考药物：胃肠安、藿香正气水、诺氯沙星、小檗碱片； 2.及时到医院检查，确诊疾病性质后进行治疗。
呼吸道疾病	咽炎、扁桃体炎、气管炎、哮喘病等。	咽干咽痛、咳嗽、气喘、发热等症状。		夏季少吃辛辣刺激性强的食物，多喝水，冷饮要适度。	
皮肤疾病	风疹、荨麻疹、痱毒、毛囊炎或疖肿等。	痱子、起疖肿等皮肤炎症。		1.勤洗温水澡，不要冷水冲洗； 2.勤换衣服，避免汗渍，勤晾晒被褥，保持皮肤清洁卫生； 3.注意避免太阳暴晒，保持居室通风。	
乙脑	一种急性传染病。	发病急、病情重、后遗症多。	如治疗不及时，可能会产生后遗症。	1.防蚊叮咬； 2.发现可疑病人，应尽快送医院隔离治疗。	1.夏秋季流行季节前注射乙脑疫苗； 2.流行地区，服中药进行预防。

中暑是夏季最常见的疾病之一，多由于在高温、高湿的环境中出汗过多或体温调节功能紊乱所致的一种内科急症。

中暑的症状

中暑的症状有：全身疲劳无力，头晕胸闷，心悸，口渴，汗多或无汗，肌肉痉挛，严重者会昏迷，危及生命。

在夏季高温天气时，应注意以下几点：

（1）提前预防：加强通风隔热措施，合理休息，膳食搭配合理，补充含盐水分，适当掌握锻炼的强度和时间。

（2）当出现中暑先兆症状或轻度中暑时，应立即离开高温环境，到阴凉安静地方休息，及时补充清凉含盐饮料。

（3）遇到因中暑而昏倒的人，应将其迅速抬到环境凉爽的地方，解开衣扣和裤带，有条件者，一方面可在患者头部、两腋下和大腿内侧等处放置水袋，用冷水、冰水擦身。同时，还可以用风扇向患者吹风。另一方面可以采用民间的刮痧疗法，也有较好的效果。上述治疗过程中，必须用力按摩患者四肢，以防止周围血循环停滞。患者清醒后，可以适当给他喝些凉开水，最好是服用藿香正气水等防暑药品。若患者出现体温高于38℃、面红、大汗、皮肤灼热、血压下降、脉快虚脱等症状，应及时送往医院治疗。

3. 秋冬季常见疾病及其预防

进入秋季，气温变化比较大，所以说秋季也是多种传染病的高发季节。初秋时，气温较高，即“秋老虎”天，一些肠道传染病（见表7－9）和虫媒传染病高发，甚至可能暴发流行。到了冬季，气温逐渐下降，风大干燥，这时是一些呼吸道传染病的高发时节。因此，秋冬季加强传染病的防治，对维护身体健康具有重要意义。

表7－9　秋冬季常见的疾病及其预防措施

类型	常见病	症状	危害	预防	解决方案
肠道传染病	霍乱、伤寒、副伤寒、痢疾、轮状病毒引起的感染性腹泻等。	发热、腹痛、腹泻等。	霍乱病情严重休克者可并发急性肾功能衰竭。	1.勤洗手、餐具消毒、饮食要干净； 2.讲卫生，隔离消灭苍蝇、蟑螂。 3.适当进食蒜、醋。	1.立即去医院就诊，不要胡乱用药，特别是不能自行使用抗生素进行不规范治疗。 2.防止耐药性的产生，某些肠道传染病抗生素的不当使用，甚至会导致生命危险。
呼吸道传染病	流感、军团菌病、肺结核等。	发热、头痛、流涕、咽痛、干咳，全身肌肉、关节酸痛不适等。	若不注意治疗，就可能会诱发支气管炎、肺炎等。	1.室内通风，保持空气清新； 2.日用品常消毒； 3.公共场所戴口罩。	

二、常见疾病的预防措施

不同的传染病有不同的治疗方法，但基本的预防措施是相通的，我们只要注意以下几点，就能有效地减少疾病的发生和传播：

（1）合理膳食，增加营养。要多饮水，摄入足够的维生素，宜多食些富含优质蛋白、糖类及微量元素的食物，如瘦肉、禽蛋、大枣、蜂蜜和新鲜蔬菜、水果等。

（2）积极参加体育锻炼，多到郊外、户外呼吸新鲜空气。

（3）每天散步、慢跑、做操、打拳等，使身体气血畅通、筋骨舒展、体质增强。

（4）不到人口密集、人员混杂、空气污染的场所去，比如农贸市场等。

（5）勤洗手，并用流动水彻底清洗干净，不用污浊的毛巾擦手。

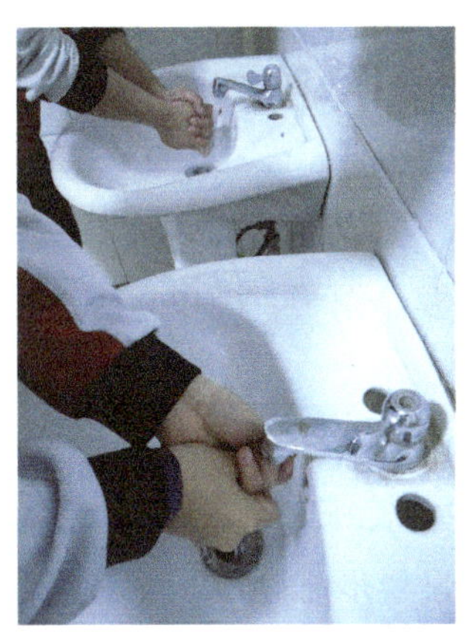

（6）每天开窗通风，保持室内空气新鲜，尤其宿舍、计算机房、教室等。每天开窗通风 2～3 次，每次 30 分钟以上。

（7）合理安排好作息，保证充足睡眠，做到生活有规律，以增强免疫力。注意不要过度疲劳，防止感冒，以免抗病力下降。

（8）不食不清洁的食物，拒绝生吃各种海产品和肉食，吃带皮水果要洗净，不喝生水。

（9）注意个人卫生，不随便吐痰、打喷嚏。

（10）发热或有其他不适及时就医；到医院就诊最好戴口罩，回宿舍后洗手，避免交叉感染。

（11）避免接触传染病患者，尽量不去传染病流行疫区。

（12）传染病患者用过的物品及房间适当消毒，如日光下晾晒衣被，房内门把手、桌面、地面用消毒液喷洒、擦拭。

（13）不随便倒垃圾，不随便堆放垃圾，垃圾要分类并统一销毁。

（14）无论气温如何变化，同学们都要有相应的服装，并能根据气温变化增减衣服，否则，抵抗力下降，病毒易侵入。

（15）注意合理使用教室和寝室的空调及电风扇，如秋季天气渐凉，应减少或停止空调或电风扇的使用。

（16）早发现、早报告、早治疗。出现呼吸道等症状时，尤其是出现急性发热、皮疹、全身明显不适症状时应及时就医。切忌自己乱吃药或因忽视而耽误病情。学生若发现自己有发热、咳嗽、乏力、肌肉酸痛等症状，应马上告诉老师或家长，及时就医。

三、冬季防雪、防滑、防冻等安全教育

冬季室内外温差大，同学们为了防寒，往往长时间将门窗关闭，这样容易使流感蔓延，因此要经常打开门窗，通风换气，防止流感的蔓延。同时，大家在冬季寒冷的条件下，应该注意冬季的安全防范，以防造成不必要的伤害。

1. 要注意防寒保暖

同学们要适时增加衣服、穿好棉鞋棉袜，戴好手套、帽子、围巾，防止冻坏身体、冻伤手脚，防止感冒。

2. 要注意防滑

（1）雪天穿鞋要讲究。路面容易结冰，不要穿皮鞋、硬塑料底鞋，最好穿保暖、防滑性好的鞋子，或者抓地较好的运动鞋，而且应尽量稳步前行，以防发生事故。

（2）学校各个楼梯和楼口处遇到雨水或积雪易结冰，学生在进出教学楼时容易滑倒摔伤，因此，应注意及时清扫楼道口的雨水或积雪，不让出口结冰。天气寒冷时，不在以上地方擦地，防止结冰，可在天气回暖时再擦地。

（3）学生玩雪要注意安全，一定不要拿雪球往同学脸上、头上砸，以免伤到眼睛。不在楼道内打雪仗，防止将积雪带入，以防滑倒，同时也会增加值日生清扫的难度。

（4）学校在楼梯入口处铺上垫子，把防滑措施落到实处。

（5）如果不小心突然摔倒，尽量别用手腕去支撑地面，因为这种摔倒姿势最容易造成手臂骨折。一旦摔倒发生骨折，切不可乱揉乱动，以免加重伤情。应用围巾、书本等工具固定好骨折部位，请求他人帮助，或尽快求助老师。学校要安排人员立即送医院治疗。

3. 要注意防止交通事故

出家门的时间要比平常提前，留出等车、堵车或其他意外情况所需的时间。

在雨雪、雾天，同学们在骑车时，一定要更加小心，自行车轮胎不要充气太足，这样可以增加与地面的摩擦，不易滑倒；走自行车道；精力集中，慢骑车，与前面的行人、车辆保持较大距离，以便应对突发情况；过路口时下车，推车过马路。

骑车时，选择雪层浅的平坦路面，不要急刹车、急拐弯，防止因惯性摔倒。在拐弯和横穿马路时对视力会影响很大，因此要注意身边和身后的车辆，防止交通事故发生。

4. 要注意防黑暗

冬季昼短夜长，学生在上下学路上，要选择有路灯的路线或自带手电筒。

学生要养成文明有序上下楼，轻声慢步靠右行的良好行为习惯，切实防止踩踏事件的发生。

5. 要注意防烫伤

冬季使用热水量大大增加，学生在宿舍、水房打水时不要拥挤，保管好暖壶、杯子，以免烫伤自己和别人。

6. 要注意防火

冬季风干物燥，易发生火灾，学生在宿舍尽量不使用电器、不使用明火，杜绝火灾事故的发生。

提升训练

1. 春季常见的流行疾病有哪些？
2. 夏季中暑有哪些危害？如何防中暑？
3. 秋季常见呼吸道疾病有哪些？有哪些预防措施？
4. 冬季天气寒冷，同学们应该从哪些方面注意安全？

安全小故事

小事不能小视

夏天的一天，李丽同学找班主任老师请假，因为身上突然长了许多红疙瘩，班主任老师马上让李丽同学去医务室就诊。医生说是湿疹，可能是由于夏季天气炎热，宿舍内通风差、湿气重，造成被子潮湿引起后背长出红疙瘩，一般会持续两三天，如果不扩散、不痒的话暂时无须特殊处理。医生建议多喝开水，用温水清洗患处，抹点爽身粉，保持局部干燥，勤换被褥，宿舍内保持对流通风，在治疗期间尽量每天晒晒被子。如果有痒的感觉或者扩散较快，建议先外用药物进行干预。李丽听了医生的建议，特意将被褥晾晒，使衣物和被子干燥清洁，注意宿舍开窗通风，身体逐渐恢复健康。

这种状况在很多同学身上发生过，开窗通风、注意清洁、勤晒被褥都是大家身边的一些小事，因为“小”就容易被同学们忽视。由于有些同学对一些健康小知识不了解，不知道相关疾病的危害，引起了一些疾病，给自己的身体健康带来了麻烦，所以小事不能小视。

希望同学们在日常生活中注意了解四季不同疾病及其带来的危害，防患于未然，这样大家才会健康快乐地学习生活！

小贴士

同学们要增强“早发现，早治疗”的意识，若发现咳嗽、发热、皮疹、水泡等症状，要及时治疗，以免疾病进一步传播！

常用安全标志

安全标志的色彩有红色、蓝色、绿色和黄色。红色表示禁止、停止；蓝色表示指令；绿色表示提示；黄色表示警告。

一、安全标志的分类

安全标志分为四类，有禁止标志、警告标志、指令标志、提示标志。

警告标志
注意安全
当心火灾
当心触电
当心机械伤人
当心吊物
当心伤手
当心扎脚
当心落物
当心坠落
当心车辆
当心塌方
当心坑洞
当心电缆
当心滑跌
当心绊倒
指令标志
必须戴防护眼镜
必须戴安全帽
必须戴防尘口罩
必须戴防护手套
必须穿防护鞋
必须系安全带
必须用防护板
必须用防护装置
必须戴防毒面具
必须戴防护耳器
必须戴防护帽
必须加锁
必须桥上通过
必须穿救生衣
必须穿防护服

提示标志
紧急出口
紧急出口
可用明火区
避险处
安全通道
安全楼梯

二、交通安全标志

停
停车让行
禁止通行
禁止驶入
禁止机动车通行
禁止鸣喇叭
直 行
向左转弯
3m
禁止载货汽车通行
禁止三轮机动车通行
禁止大型客车通行
禁止小型客车通行
限制宽度
向右转弯
直行和向左转弯
3.5m
禁止汽车拖、挂车通行
禁止拖拉机通行
禁止农用运输车通行
禁止二轮摩托车通行
限制高度
直行和向右转弯
向左和向右转弯
10t
禁止某两种车通行
禁止非机动车通行
禁止畜力车通行
禁止人力货运三轮车通行
限制质量
靠右侧道路行驶
靠左侧道路行驶
7t
禁止人力客运三轮车通行
禁止人力车通行
禁止骑自行车下坡
禁止超车
限制轴重
立交直行和
左转弯行驶
立交直行和
右转弯行驶
40
禁止骑自行车上坡
禁止行人通行
禁止向左转弯
解除禁止超车
限制速度
机动车行驶
非机动车行驶
40
50
禁止向右转弯
禁止直行
禁止向左向右转弯
禁止车辆临时
或长时停放
解除限制速度
鸣喇叭
最低限速
检 查
禁止直行和向左转弯
禁止直行和向右转弯
禁止掉头
禁止车辆长时停放
停车检查
步 行
机动车行驶

三、消防安全标志

消防手动启动器

发生警报器

火警电话

紧急出口L

紧急出口R

灭火设备

灭　火　器

消防水带

地下消防栓

地上消防栓

禁止烟火

禁止吸烟

禁止放鞭炮

禁止放易燃物

禁止锁闭

滑动开门L

滑动开门R

推　　开

拉　　开

击碎板面

消防水泵接合器

消　防　梯

疏散通道方向L

疏散通道方向L

禁止带火种

禁止阻塞

禁止用水灭火

当心爆炸-爆炸性物质

当心火灾-氧化物

当心火灾-易燃物质

参 考 文 献

1. 魏荣庆，邓学平，谢力军．中职学生安全教育．北京：新华出版社，2018.

2. 陈强，张小群．安全教育读本．广州：中山大学出版社，2014.

3. 卓新建，郑康锋，辛阳．计算机病毒原理与防治．2 版．北京：北京邮电大学出版社，2007.

4. 司空隐．网购达人．北京：开明出版社，2017.

5. 曾婷郁．电脑超简单．北京：中国商业出版社，2011.

图书在版编目（CIP）数据

中职生安全教育读本／王晓全等主编. －北京：中国人民大学出版社，2020.4
中等职业教育通用基础教材系列
ISBN 978-7-300-28032-5

Ⅰ.①中… Ⅱ.①王… Ⅲ.①安全教育-中等专业学校-教材 Ⅳ.①G634.201

中国版本图书馆 CIP 数据核字（2020）第 062709 号

中等职业教育通用基础教材系列
中职生安全教育读本
主　审　刘天悦　肖泽亮
主　编　王晓全　刘芳英　王新颖　吴　蓓　胡静萍
副主编　李春江　李智超　徐　静　杨英霞　赵　平
Zhongzhisheng Anquan Jiaoyu Duben

出版发行　中国人民大学出版社
社　　址　北京中关村大街 31 号　　**邮政编码**　100080
电　　话　010－62511242（总编室）　010－62511770（质管部）
　　　　　010－82501766（邮购部）　010－62514148（门市部）
　　　　　010－62515195（发行公司）　010－62515275（盗版举报）
网　　址　http://www.crup.com.cn
经　　销　新华书店
印　　刷　固安县铭成印刷有限公司
开　　本　787 mm×1092 mm　1/16　　**版　　次**　2020 年 4 月第 1 版
印　　张　11　　**印　　次**　2024 年 10 月第 12 次印刷
字　　数　208 000　　**定　　价**　39.80 元